古代美術史研究

初編

第6冊

漢代美學中的身體問題（下）

劉成紀 著

花木蘭文化出版社

國家圖書館出版品預行編目資料

漢代美學中的身體問題（下）／劉成紀 著 -- 初版 -- 新北市：
花木蘭文化出版社，2017〔民 106〕
目 4+170 面；19×26 公分
（古代美術史研究 初編：第 6 冊）
ISBN 978-986-322-931-5（精裝）
1.秦漢哲學　2.美學
030.8　　　　　　　　　　　　　　　　　103014776

ISBN-978-986-322-931-5

9 789863 229315

古代美術史研究
初　編　第六冊　　　　ISBN：978-986-322-931-5

漢代美學中的身體問題（下）

作　　者　劉成紀
總 編 輯　杜潔祥
副總編輯　楊嘉樂
編　　輯　許郁翎、王筑　美術編輯　陳逸婷
出　　版　花木蘭文化出版社
社　　長　高小娟
聯絡地址　235 新北市中和區中安街七二號十三樓
　　　　　電話：02-2923-1455／傳真：02-2923-1452
網　　址　http://www.huamulan.tw 信箱 hml 810518@gmail.com
印　　刷　普羅文化出版廣告事業
初　　版　2017 年 3 月
全書字數　294787 字
定　　價　初編 15 冊（精裝）新台幣 30,000 元　　版權所有‧請勿翻印

漢代美學中的身體問題（下）

劉成紀　著

目

次

第四章　身體的死亡與對死亡的超越

　　研究漢代美學和藝術，最不能輕易邁過的就是這一時期的畫像石、帛畫和壁畫。這些「藝術品」，爲後人提供了一個人神交錯、想像與現實雜合的琳琅滿目的世界。但是，當我們面對這些「藝術品」時，極易忽視一個重要的前提，即：它們不是用於地面建築，而是來自墓葬。從現已出土的此類實物看，漢畫像石和畫像磚大多是墓室所用建材的雕刻，帛畫是殉葬品，壁畫則多是墓室內部的裝飾。這種墓葬藝術的發達說明了漢人對死亡的重視，並由此引發了種種值得研究的情感和思想。

　　人的死亡，既是一個生命歸於虛無的事實，又是生命從身體中逐漸消失的過程。身體使死亡變得直觀，使抽象的生命獲得了感性形式，也使關於死亡的情傷與哲思具有了實指對象。法國 16 世紀人文主義者蒙田說過：「學習哲學就是學習死亡。」也就是說，對生命本質的洞察可以使人接受必死的事實。但是，人就其本質而言又是恐懼死亡和不存在的，哲學對人必死事實的揭示並不能遏制人對這一事實的超越渴望。從這一點看，以美學的方式表達死亡，從而削減它的可怖性，甚至在生命的盡頭許諾給人一種更理想的生，就顯得十分必要。或者說，哲學讓人認可生命的實然，美學則提示給人生命的應然；哲學使死亡成爲一個值得分析的抽象命題，美學則關注感性的身體能否超越死亡，使生命在另一個世界延續。

　　面對死亡，求眞的哲學總會使人心腸變硬，求美的美學則讓人心腸變軟。漢墓中出土的畫像磚石、壁畫、帛畫作爲對死亡的美化，正是這種軟心腸的表現。同時，這種美化作爲一種形象的表達，也預示著人在理想層面的再生必然是身體性的再生，而不僅僅體現爲合邏輯或反邏輯的哲學論證。漢代關

於死亡的理論探索，我們可以看出四個特點：（一）畫像石等漢代藝術品並不是孤立的個案，而是那一時代哲學和美學思想整體趨向的感性反映；（二）漢代人關於死亡的思考體現出哲學和美學雜合的特點。有時哲學是對審美化的死亡想像的解構，有時則是爲其提供更具本質性的理論支撐；（三）由於漢代哲學整體趨於感性的特點，它講的不是死亡本身，而是死亡現象，是具體而感性的身體如何消失的問題。這種感性化的特點，正是作爲感性學的美學對研究對象的要求；（四）漢代哲學，不管是儒家還是道家，普遍關注人的長生和成仙問題。對人而言，如果死亡是最不易克服的生之大醜，那麼，長生久視、成道成仙就是人最渴望實現的生之大美。由此看來，漢代哲學對人長生久視、成道成仙可能性的探索，就是關於如何化醜爲美的探索。這四個特點，意味著漢代的死亡哲學，也是其死亡美學。

第一節　身體的死亡與處置

一、薄葬與裸葬

就思想的多元性而言，中國歷史上沒有哪一個時代堪與兩漢比較。西漢早期，黃老整合儒、申、韓成爲官方哲學。後來，武帝「罷黜百家，表彰六經」，奠定了儒家在兩漢思想史上的主體地位。但是，漢儒與先秦不同，它是以儒家思想爲主體摻以黃老、陰陽的雜合體。同時，黃老思想雖然在武帝之後失去政治主導地位，但它卻通過與神仙方術的合流在民間持續著強勁的影響，這種影響最終促成了道教在東漢的產生。另外，東漢自明帝起，印度佛教自西域東傳，在中國思想史上留下了最早的印迹。從這種情況可以看出，對後世中國哲學、美學、藝術構成重要影響的各種思想元素在漢代悉皆登場，共同形成了當時哲學和美學的整體輪廓。這種狀況，平添了研究漢代身體死亡觀念的複雜性。

中國哲學是爲人生的哲學，中國美學則將這種人生之思提升到超越的層面。人作爲一個從生到死的過程，生與死分別標示了生命的起點和終點。由此，中國哲學最具人道意味的側面必然體現爲對生的籌劃和對死的操持，即所謂「養生喪死無憾，王道之始也」。〔註 1〕在這方面，漢代哲學和美學接續了先秦的傳統並有新的發展。具體言之，在籌劃生命方面，漢代儒家和道家

〔註 1〕《孟子・梁惠王上》。

分別強調修身和治身；在操持死亡方面，漢代儒家和道家分別選擇了厚葬和薄葬。

「夫絃歌鼓舞以爲樂，盤旋揖讓以修禮，厚葬久喪以送死，孔子之所立也。」〔註2〕厚葬與薄葬的差異，最根本地體現爲身體處置方式的差異。西漢前期，由於黃老之學的影響，以及自開國之初形成的尚儉節用的思想，統治階層一般以節葬爲美德，其中最具代表性的就是深受黃老影響的漢文帝。如其遺詔云：

> 朕聞蓋天下萬物之萌生，靡不有死。死者天地之理，物之自然者，奚可甚哀。當今之時，世咸嘉生而惡死，厚葬以破業，重服以傷生，吾甚不取。且朕既不德，無以佐百姓；今崩，又使重服久臨，以離寒暑之數，哀人之父子，傷長幼之志，損其飲食，絕鬼神之祭祀，以重吾不德也，謂天下何！朕獲保宗廟，以眇眇之身託於天下君王之上，二十有餘年矣。賴天地之靈，社稷之福，方内安寧，靡有兵革。朕既不敏，常畏過行，以羞先帝之遺德；維年之久長，懼於不終。今乃幸以天年，得復供養於高廟。朕之不明與嘉之，其奚哀悲之有！其令天下吏民，令到出臨三日，皆釋服。毋禁取婦嫁女祠祀飲酒食肉者。自當給喪事服臨者，皆無踐。絰帶無過三寸，毋布車及兵器，毋發民男女哭臨宮殿。宮殿中當臨者，皆以旦夕各十五舉聲，禮畢罷。非旦夕臨時，禁毋得擅哭。已下，服大紅十五日，小紅十四日，纖七日，釋服。佗不在令中者，皆以此令比率從事。布告天下，使明知朕意。霸陵山川因其故，毋有所改。歸夫人以下至少使。〔註3〕

孝文帝之所以對死亡抱持順其自然之態度，從其遺詔看，有五點原因：首先是哲學的原因。在道家看來，萬物有生必有死，有始必有終。假如生與死是自然規律，那麼以厚葬重服處置自己的身體就沒有任何意義。其次是經濟學的原因。在漢文帝看來，厚葬會浪費大量資財。爲了死人而無端消耗活人賴以生存的物質資源，這與崇節尚儉的黃老思想存在矛盾。第三是倫理學的原因。漢文帝認爲，讓子孫及臣民「重服久臨，以離寒暑之數」，必對他們的身體造成傷害。爲死人而傷及活人的身體，有違基本的生命倫理。第四是

〔註2〕　《淮南子・氾論訓》。
〔註3〕　見《史記・孝文本紀》。

尊鬼敬神的思想。在漢文帝看來，爲帝王守喪必然會耽誤對鬼神的祭祀。因自己的「眇眇之身」而失去「天地之靈」對社稷的保祐，這是不明智的。第五，從個體生命感覺上看，漢文帝認爲自己能夠善終已是人生大幸，沒有什麼值得悲哀。基於這些看法，他要求天下百姓毋需爲自己服喪，毋需在喪葬期間禁止民間婚嫁、祠祀、飲酒、食肉等一切活動。對於必須參加葬禮的大臣和至親，喪事活動應一切從簡。另外，依霸陵而建的墓穴不要改變周圍山川的自然原貌；曾跟隨自己的嬪妃則應遣散，讓她們各自回家，另外嫁人。

漢文帝一生節儉，像他這樣將哲學信仰貫穿於現實政治、日常生活，並進一步具體化爲死亡設計的帝王，在中國歷史上確實少見。身體來於自然而最終復歸於自然，這在哲學上講的通，但一旦涉及個體生命，人則往往會被非理性的長生野心和關於死後世界的幻想攫住，極難做到知行合一。從這一點看，漢文帝身爲帝王，能做到死亡理論與身體實踐的合一確實體現了一種非凡的勇氣。唐人司馬貞在《史記‧孝文本紀‧索引》中，曾以「霸陵如故，千年頌聲」爲其紀贊，當非過譽之評。

按照道家哲學處置自己的身體，在西漢除文帝之外，還有一個值得注意的人物，即裸身而葬的楊王孫。楊王孫生於武帝時期，家業豪富，篤信黃老。臨終前囑咐自己的兒子道：「吾欲裸葬，以反吾眞，必亡易吾意。死則爲布囊盛屍，入地七尺，既下，從足引脫其囊，以身親土。」他兒子於心不忍，於是請其好友祁侯來勸說道：

> 竊聞王孫先令贏葬，令死者亡知則已，若其有知，是戮尸地下，將贏見先人，竊爲王孫不取也。且《孝經》曰：「爲之棺槨衣衾」，是亦聖人之遺制，何必區區獨守所聞？願王孫察焉。

祁侯反對楊王孫裸葬，其中提及的一個重要理由，就是人死後到底有無知覺和生命。如果沒有生命知覺尚可，但萬一當下的死是以另一種方式開始生，裸葬確實大有問題。從心理學上講，厚葬習俗的存在，在很大程度上是源於對死後生命「寧可信其有，不可信其無」的心態。萬一生命繼續存在，資財的陪葬就可以使人做到有備無患。

對於祁侯的勸說，楊王孫答云：

> 蓋聞古之聖王，緣人情不忍其親，故爲制禮，今則越之，吾是以贏葬，將以矯世也。夫厚葬誠亡益於死者，而俗人競以相高，靡財單幣，腐之地下。或乃今日入而明日發，此眞與暴骸於中野何異！

　　且夫死者，終生之化，而物之歸者也。歸者得至，化者得變，是物
　　各反其眞也。反眞冥冥，亡形亡聲，乃合道情。夫飾外以華眾，厚
　　葬以鬲眞，使歸者不得至，化者不得變，是使物各失其所也。且吾
　　聞之，精神者天之有也，形骸者地之有也。精神離形，各歸其眞，
　　故謂之鬼，鬼之爲言歸也。其尸塊然獨處，豈有知哉？裹以幣帛，
　　鬲以棺槨，支體絡束，口含玉石，欲化不得，鬱爲枯腊，千載之後，
　　棺槨朽腐，乃得歸土，就其眞宅。綵是言之，焉用久客！昔帝堯之
　　葬也，窾木爲匱，葛藟爲緘，其穿下不亂泉，上不泄殠。故聖王生
　　易尚，死易葬也。不加工於亡用，不損財於亡謂。今費財厚葬，留
　　歸鬲至，死者不知，生者不得，是謂重惑。於戲！吾不爲也。〔註4〕

　　從這段文字可以看出，漢文帝與楊王孫關於人死後身體的處置，雖然前
者節葬，後者裸葬，但其理論基礎都是道家的自然身體觀。這種一致性意味
著，如果漢文帝是平民之身或者對道家哲學有足夠的踐履勇氣，他也會做出
與楊王孫一樣的選擇。在楊王孫看來，人的身體是自然之氣的凝聚，從自然
中來，它的死亡必然應該重新歸於自然，否則就是逆天悖情。在這種人向自
然復歸的過程中，斂以棺槨、穿以華服，儼然如同作繭自縛；「口含玉石」只
會造成「欲化不得」，給重返自然設置不必要的障礙。同時，對於祁侯提出的
人「若然有知，戮尸地下，將贏見先人」的擔憂，楊王孫也認爲毫無必要。
在他看來，人的死亡是「精神離形，各歸其眞」——精神歸於天而肉體歸於
地。人深埋於地下化爲泥土的是肉體，而不是「歸於天」的精神。

　　從歷史角度看，漢文帝和楊王孫對身體的處置與莊子一脈相承。莊子「以
生爲附贅懸疣，以死爲決疢潰癰」，〔註5〕認爲死不但不足以讓人憂懼，反而
是解於倒懸之苦、重回自然之眞的正途。基於這種認識，莊子對一些能夠以
達觀心態面對生死的人給予了高度讚揚。比如在《大宗師》中，他先後提到
了三個以道家死亡觀爲人生宗旨的哲學集團。其中，子桑戶、孟子反、子琴
張「相與爲友」，不久子桑戶去逝。在下葬之前，他的兩位朋友「或編曲，或
鼓琴，相和而歌曰：『嗟來桑戶乎，嗟來桑戶乎！而已反其眞，而我猶爲人
倚！。』」同時，莊子本人也是這種身體死亡學的實踐者，他在妻子去逝時「箕
踞鼓盆而歌」，對自己的死更是處之泰然。如《列禦寇》云：

〔註4〕　上文關於楊王孫引文均見《漢書》卷六十七《楊王孫傳》。
〔註5〕　《莊子・大宗師》。

> 莊子將死，弟子欲厚葬之。莊子曰：「吾以天地為棺槨，以日月
> 為連璧，星辰為珠璣，萬物為齎送。吾葬具豈不備哉？何以加此！」
> 弟子曰：「吾恐烏鳶之食夫子也。」莊子曰：「在上為烏鳶食，在下
> 為螻蟻食，奪彼與此，何其偏也。」

由於不見於正史，莊子是否有過這種遺囑難以確斷。至於子桑戶之徒臨
屍而歌，則只能作為哲學寓言來讀。由此看楊王孫的死亡實踐，確實有點空
前絕後的味道。同時，如果將莊子和楊王孫做一比較，也可以看出兩者之間
的差異：首先，在身體的處置方式上，莊子「以天地為棺槨，以日月為連璧，
星辰為珠璣，萬物為齎送」，表面看著浪漫，但其實就是將自己的屍體隨意扔
到野地裏去。比較言之，楊王孫要求「入地七尺，從足引脫其囊，以身親土」，
在程序上更具體。其次，在身體觀念上，莊子反對厚葬，是因為他將整個大
自然都看成了自己的葬具；楊王孫主張裸葬，除歸化自然的哲學原因外，也
考慮到了節約財富、防止盜墓等相當實在的原因（「今日入而明日發」）。這些
差異的產生，應和漢代黃老哲學對先秦道家的發展有關。如前所言，楊王孫
要求將自己的身體「深埋七尺」，是因為漢代哲學將先秦混一的自然更具體地
分解成了地與天，將身體分成了形與神。這樣，將身體深埋地下，並不會影
響其精神的上升。再次，楊王孫對裸葬經濟意義的強調，包括漢文帝所講的
「厚葬以破業」，是基於實用主義的考慮。這與黃老之學講究經世致用，以及
對老莊哲學朝形而下層面的改造是一致的。

楊王孫對自己身體的極端態度，即便對今天的無神論者而言，依然顯得
過於殘酷。但也正因為思想的極端，使他的死亡成為一個歷史事件，並因此
清史留名。從漢代資料看，他是唯一因死亡方式的獨特而進入正史的人物。
除班固在《漢書》中為其立傳外，此前的劉向、揚雄都曾經提到過他。如揚
雄云：「楊王孫裸葬以矯世。曰：『矯世以禮，裸乎？如矯世，則葛溝尚矣。』」
〔註6〕揚雄顯然對楊王孫的做法不以為然。在他看來，要矯正世間厚葬的習
俗，必須在合乎人情禮儀的範圍之內進行。裸葬不合禮儀造成的危害比厚葬
更嚴重，因為只有獸類才會如此不珍惜父母給予的身體。同時，揚雄對楊王
孫「矯世」的真誠性提出了質疑，認為他如果真是要以裸葬矯正世俗，將自
己深埋七尺純屬多此一舉。他應該像先民那樣將屍體裹上葛麻扔到溝壑裏
去，沒有必要設計出如此複雜的裸葬程序。

〔註6〕 《法言·重黎》。

二、漢代的厚葬

　　楊王孫到底是以裸葬邀名還是以裸葬矯世，這不是本文所要討論的問題。關鍵在於他這種極端行為對漢代厚葬習俗的反襯。他說：「蓋聞古之聖王，緣人情不忍其親，故為制禮，今則越之。」是說漢人的厚葬之風已超出了常規禮儀的範圍。關於漢人墓葬的奢華，我們從前文列舉的漢畫像石、壁畫、帛畫已可得到直觀的瞭解，至於當時因相互攀比葬禮規模而毀家破業的更大有人在。如東漢思想家崔寔，他的《政論》被時人稱為「指切時要，言辯而確」，「凡為人主，宜寫一通，置之坐側」，〔註7〕但就是這樣一位理智清明的思想家，在厚葬方面卻未能免俗。如《後漢書》記云：

> 　　初，寔父卒，剝賣田宅，起冢塋，立碑頌。葬訖，資產竭盡，
> 因窮困，以酤釀販鬻為業。時人多以此譏之，寔終不改。〔註8〕

　　後來，雖然崔寔做過官，但一直沒有從這種因喪而貧的困頓中翻過身來。到他自己病死時，「家徒四壁立，無以殯殮」，子孫靠朋友幫忙才為他買了棺材。在當時，一個有地位的政府官員尚且為喪葬毀家破業，一般百姓為此承受的經濟壓力也就可想而知了。

　　《後漢書》除記載崔寔為葬父「剝賣田宅」外，還說他「父卒，隱居墓側」，這涉及當時為父母守喪的習俗。按照儒家的葬制，父母死後，要守喪三年。在三年之內，孝子應該拒絕一切娛樂享受，以表達對逝者的哀思。崔寔搭了一個草棚，住在自己父親的墓旁，正是在盡這種守喪之禮。為了弄清漢代複雜而歷時漫長的喪葬禮儀，下面我們根據當時儒家制定的喪葬程序做一簡述：

　　（一）死者病危時，要將居室內外打掃乾淨。有諸侯、大夫官位的家庭要撤去鍾磬等樂器，一般士人則要收起琴瑟，以表示棄絕一切娛樂活動。同時，讓病危者「寢東首於北牖下，廢床，撤褻衣，加新衣」。守候的親屬則要改穿深色衣服，將一塊絲棉置於病人鼻下，等其斷氣。

　　（二）為死者洗身、遷屍儀式。

　　（三）招魂儀式。

　　（四）哭喪儀式：「始卒，主人啼，兄弟哭，婦人哭，踴。……凡哭屍於室者，主人二手承衾而哭。」

〔註7〕　仲長統語。見《後漢書》卷五十二《崔駰列傳》。
〔註8〕　《後漢書》卷五十二《崔駰列傳》。

（五）小斂儀式。

（六）家屬輪流哭喪儀式。

（七）接待弔唁者儀式。

（八）守喪第三天：持、授喪杖儀式。

（九）小斂儀式。

（十）大斂儀式。

（十一）下葬儀式。

（十二）守喪。

......

在三年守喪期間，漢代儒家對守喪者飲食起居提出了嚴格的要求。首先，在飲食方面：國君去逝，大夫、公子、眾士應三日不食；三天之後，大夫、公子喝粥，其他人可以吃粗米飯喝白開水。下葬後的第一年，孝子可以吃粗米飯，但不能吃蔬菜水果；週年祭後，孝子可以開始吃蔬菜水果，但吃蔬菜時只可用醋和醬當佐料。下葬兩週年後，孝子可以開始吃肉，但要吃乾肉；可以飲酒，但必須喝甜酒。其次，在起居方面：爲父母守喪，應住在依墓而搭的草棚子裏，睡草墊，枕土塊，不說與喪事無關的話。在父母下葬之前，草棚不可塗泥；下葬之後，可以塗泥，但不能塗在外面。在守喪的三年之內，不准到內宅與婦女過性生活。第三，在爲父母守喪期間，有官位者應辭掉官職，回原籍服喪滿三年。〔註9〕

從上面所列材料可以看出，爲父母守喪不僅使子孫承受沉重的經濟壓力，而且會因此耗費大量的精力和時間。在春秋時期，孔子的弟子宰我就提出了這一問題：

> 宰我問：「三年之喪，期已久矣！君子三年不爲禮，禮必壞；三年不爲樂，樂必崩。舊穀既沒，新穀既升；鑽遂取火，期可已矣。」子曰：「食夫稻，衣夫錦，於汝安乎？」曰：「安。」「女安，則爲之！夫君子之居喪，食旨不甘，聞樂不樂，居處不安，故不爲也。今女安，則爲之！」宰我出。子曰：「予之不仁也！子生三年，然後免於父母之懷。夫三年之喪，天下之喪也；予也，有三年之愛於其父母乎？」〔註10〕

〔註9〕上引「三年之喪」材料均見《禮記‧喪大記》。

〔註10〕《論語‧陽貨》。

　　對於三年之喪，孔子看似是以人是否「心安」作爲判斷時間長短的標準，但宰我剛離開，他馬上做出了「予之不仁」的評價。從這一點看，在一個道德化的社會裏，人們爲了防止背上不孝的惡名，即便「心安」也必然要裝作內心充滿情思和感傷；即使家徒四壁也要竭力爲父母舉辦豪華的葬禮，以免成爲人們譏諷和蔑視的對象。

　　漢代是一個講究以孝治天下的時代。當時的儒家思想者認爲，孝不僅僅是子女對父母的私人情感，而且是對天地運演規律的順應和服從。同時，一個對父母盡孝、對兄長尊敬、對家庭盡責的人，必能將這種良好的品質推及到國家與社會。這種對孝的意義的無限放大，使其超越了家族倫理，成爲具有普遍意義的東西。如《孝經》云：

　　　　夫孝，天之經也，地之義也，民之行也。天地之經而民是則之，則天之明，因地之利，以順天下，是以其教不肅而成，其政不嚴而治。〔註11〕

　　　　君子之事親孝，故忠可移於君；事兄悌，故順可移於長；居家理，故治可移於官。是以行成於內，而名立於後世矣。〔註12〕

　　基於對孝的社會政治功能的認識，漢代選拔人材的一個重要標準就是孝。所謂「舉孝廉」，就是講被選人才的孝行和廉能。由此，孝就不僅牽涉到一個人的道德品質和社會評價，而且會左右一個人的政治前途。正是基於這種親情被政治功利挾持的狀況，漢代不可能有人像宰我那樣坦率地承認服喪不滿三年也「心安」，相反，只會變本加厲地用延長守喪時間來證明自己是可以行爲世範的孝子。在東漢，爲了博取鄉曲之譽，進入仕途，有人竟能爲父母服喪二十餘年。

三、儒家葬制面臨的問題

　　孔子云：「子生三年，然後免於父母之懷。」根據這種說法，子女就至少應該用三年喪期來回報父母的養育之恩。這在道理上是講的通的。但是，人是爲生而在，並非爲死而在。如果子女爲喪葬耗費大量的資財和精力，在喪期之內坐吃山空，並因守喪三年而耽誤正常工作和政治前程，那麼，付出的代價未免過於慘重。由此看，三年之喪雖然其立意在於孝親情感，但本質上

〔註11〕《孝經·三才章》。
〔註12〕《孝經·廣揚名章》。

卻有反人性、強人所難的意味在。從漢代歷史看，當時孝道的反人性和過於苛刻的標準，使其在實行過程中面臨巨大困難。許多人正是因為在這方面知行難以合一，所以在道德上留下了惡名。比如王莽，曾是西漢末年有名的孝子，「事母及寡嫂，養孤兒子，行甚敕備」。做了安漢公之後，他力推三年之喪，但當他自己的母親去逝時，為了防止大權旁落，他不得不借他人之口為自己不守喪尋找理由。如其曾慫恿劉歆等 78 位儒生博士上書道：「（莽）受太后之詔居攝踐阼，奉漢大宗之後，上有天地社稷之重，下有元元萬機之憂，不得顧其私親。」〔註 13〕有了這種捨親為國的冠冕堂皇的理由，王莽順利擺脫了三年之喪的困擾，讓自己的孫子、新都侯王宗代理。

王莽在葬母問題上的言行不一，是他被後世儒家廣為抨擊的罪狀之一，但同時也應看到，道德標準定的過高，超出了常人可以恭行踐履的限度，它所造就的必然是偽善。在中國歷史上，許多政府官員為了保住官位，不惜隱瞞父母的死訊。這些人一方面在道德上應受譴責，但另一方面，道德本身的非合理性卻也使他們的行為變得可以理解。正如《淮南子》云：「夫三年之喪，是強人所不及也，而以偽輔情也；三月之服，是絕哀而迫切之性也。夫儒、墨不原人情之終始，而務以行相反之，制五縗之服，悲哀抱於情，葬薶稱於養。不強人之所不能為，不絕人之所（不）能已，度量不失於適，誹譽無所由生。」〔註 14〕

在漢代，如果說孝文帝和楊王孫以身體實踐對儒家的厚葬進行了否定，那麼，《淮南子》則從理論上闡述了厚葬之俗的不可行。首先，《淮南子》反對厚葬重服，是因為它有與漢文帝、楊王孫一樣的自然身體觀。如其所言：「我亦物也，物亦物也……吾生也有七尺之軀，吾死也有一棺之土。吾生之比於有形之類，猶吾死之淪於無形之中也。然則吾生也，物不以益眾，吾死也，土不以加厚，吾又安知所喜憎利害其間者乎？夫造化者之攫援物也，譬猶陶人之埏埴也；其取於地而已為盆盎也，與其未離於地無異；其已成器而破碎漫瀾，而復歸其故也，與其為盆盎亦無以異矣。……故曰其生也天行，其死也物化，靜則與陰俱閉，動則與陽俱開。」〔註 15〕在《淮南子》看來，人的生死不過是自然規律，為此重服厚葬不但毫無必要，而且在本質上是反

〔註 13〕《漢書・王莽傳》。
〔註 14〕《淮南子・齊俗訓》。
〔註 15〕《淮南子・精神訓》。

自然的。其次，《淮南子》對養生喪死的禮義有自己獨特的理解。在它看來，「義者循理而行宜也，禮者體情制文者也。義者宜也，禮者體也。」〔註16〕也就是說，禮義的制定和實行，必須來自對現實和人性狀況的體察，必須要考慮到可行性。如果過於複雜嚴苛，只可能造成人「言與行相悖，情與貌相反」的偽善。這種「崇死以害生，久喪以招行」的禮義，不但無助於對百姓的教化，反而會造成「風俗濁於世，而誹譽萌於朝」的不良後果。如其所言：「夫三年之喪，非強而致之，聽樂不樂，食旨不甘，思慕之心未能絕也。晚世風流俗敗，嗜欲多，禮儀廢，君臣相欺，父子相疑，怨尤充胸，思心盡亡。被衰戴喪，戲笑其中，雖致之三年，失喪之本也。」〔註17〕

　　所謂「喪之本」，就是子輩對父母難以克制的「思慕之心」。在服喪必以情感為基礎這一點上，儒家也有相同的看法。如《禮記》曾舉周文王為例說：「文王之祭也，事死者如事生，思死者如不欲生。」〔註18〕但是，當這種情感一旦由自然流露轉換成外在的道德要求，它就極易成為情與貌相反的表演。同時，人總是出於自然情感敬愛自己的父母，但如果規定必須在居喪期間，用對食色之欲的長時間禁絕來表達這種敬愛，則明顯不近人情。如西漢昭帝駕崩後，以霍光為首的群臣商議由昌邑王劉賀繼位，後發現其品行不端又將其廢掉。在霍光等上呈的廢昌邑王奏摺中，列舉的最重要理由就是居喪不合禮數。如其所言：

　　　　宗正、大鴻臚、光祿大夫奉使徵昌邑王典喪。服斬緎，無悲哀
　　之心，廢禮誼，居道上不素食，使從官略女子載衣車，內所居傳舍。
　　始至謁見，立為皇太子，常私買雞豚以食。〔註19〕

昌邑王本非漢昭帝的兒子，「亡悲哀之心」是必然的事。進京路上沒有堅持吃素食，立為皇太子後偷偷吃雞，這應該是可以容忍的小惡。但從霍光以此為廢帝的理由看，在當時人心目中問題應該相當嚴重。由此看，漢代繁複的居喪之禮，與人生之欲之間存在著巨大的矛盾。這種矛盾的不可調和性必然造成人性的偽善，並使所謂的守喪成為缺乏情感支持的形式化表演。

　　與守喪導致的偽善一致，《淮南子》也看到了由此帶來的巨大物質浪費，以及與儒家最推崇的古制的衝突。如其所言：「古者……非不能竭國糜民、虛

〔註16〕《淮南子·齊俗訓》。
〔註17〕《淮南子·本經訓》。
〔註18〕《禮記·祭義》。
〔註19〕《漢書·霍光傳》。

府殫財、含珠鱗施、綸組節束，追送死也，以為窮民絕業而無益於槁骨腐肉也，故葬薶足以收斂蓋藏而已。昔舜葬蒼梧，市不變其肆；禹葬會稽之山，農不易其畝；明乎生死之分、通乎侈儉之適者也。」〔註20〕至此，《淮南子》關於死者身體處置方式的觀點也就變得明晰，即：從哲學角度講，人的生命本質上屬於自然，任何喪葬之禮都沒有實際意義。但是從倫理學角度講，人是有感情的存在物，他總要以實際行動表達對逝者的哀思，所以適當的紀念又是必需的。《淮南子》這種在哲學和倫理學之間尋找折衷的方式，使其既不贊成楊王孫以充分哲學化的方式處置身體，又反對儒家以無限制的財產和精力浪費來實踐它的死亡倫理。他所列舉的「舜葬蒼梧，市不變其肆；禹葬會稽之山，農不易其畝」，為其偏於中庸的死亡觀念找到了歷史依據。

四、漢儒圍繞葬制的爭論

　　值得注意的是，漢代厚葬之俗雖然由儒家而起，但真正的儒家往往又是反對厚葬的。比如孔子說過：「無體之禮，敬也；無服之喪，憂也。」〔註21〕認為真摯的情感遠遠比花費大量人力、財力更重要。但是，就儒家將孝看得高於一切而言，它又必然導致厚葬，因為捨得為此投入人力財力是孝的物質性證明。從漢代的情況看，厚葬之俗的形成與儒學成為官方哲學、儒生成為執政主體大有關係。因為做官保證了他們有大量的金錢可以往喪禮上投入。當然，在讀書人中，真正有機會做官、有能力給父母辦一個奢華葬禮的人畢竟是少數。這樣，在喪葬問題上，在朝的儒者從厚葬中體會到的是對父母的孝，而在野的儒生從中體會到的則是經濟上的不堪重負。以此為背景，即便在儒家內部，漢代儒士對厚葬重服也有不同的看法，而且都可以從孔子那裡找到根據。比如，子貢為了節儉，想去掉用以祭祀的羊，孔子表示反對——「賜也，爾愛其羊，我愛其禮。」〔註22〕這證明孔子為祭禮是不惜破費的。而另一類儒者則從孔子對「無服之喪」的推崇為節葬尋找理由，認為內心的誠敬遠比資財和精力的大量投入更重要。

　　漢代儒家圍繞喪葬問題產生的矛盾，主要見於桓寬的《鹽鐵論》。此書記載的丞相、大夫與賢良、文學的辯論，展示了那一時代的儒者在一系列重大社會問題上的分歧。其中，代表民間立場的賢良、文學反對厚葬，其觀點與

〔註20〕《淮南子・齊俗訓》。
〔註21〕《孔子家語・六本》。
〔註22〕《論語・八佾》。

《淮南子》有很大的相似性。摘錄如下：

> 古者，瓦棺容尸，木板堲周，足以收形骸、藏髮齒而已。及其後，桐棺不衣，采椁不斲。今富者繡牆題湊，中者梓棺楩槨，貧者畫荒衣袍，繒囊緹橐。

> 古者，明器有形無實，示民不可用也。及其後，則有醯醢之藏，桐馬偶人彌祭，其物不備。今厚資多藏，器用如生人。郡國繇吏，素桑揉偶車櫓輪，匹夫無貌領，桐人衣紈綈。

> 古者，不封不樹，反虞祭於寢，無壇宇之居，廟堂之位。及其後，則封之：庶人之墳半仞，其高可隱。今富者積土成山，列樹成林，臺榭連閣，集觀增樓。中者祠堂屏閣，垣闕罘罳。

> 古者，鄰有喪，舂不相杵，巷不歌謠。孔子食於有喪者之側，未嘗飽也，子於是日哭，則不歌。今俗因人之喪以求酒肉，幸與小坐而責辨，歌舞俳優，連笑伎戲。

> 古者，事生盡愛，送死盡哀。故聖人為制節，非虛加之。今生不能致其愛敬，死以奢侈相高。雖無哀戚之心，而厚葬重幣者，則稱以為孝，顯名立於世，光榮著於俗。故黎民相慕效，至於發屋賣業。〔註23〕

對於賢良文學的「以古非今」，丞相大夫沒有做出回應。這說明即便是以孝的名義實施厚葬，也不能在公開場合否定節儉的基本價值觀。但是，任何一個朝代，在野知識者的使命，往往都是站在體制之外，用批判的方式對社會流弊進行牽制。從這個角度講，越是在野知識分子提倡節葬，越證明當時統治階層用在喪葬上的投入大到了讓人難以容忍的程度。賢良文學用「古者」、「及其後」和「今」，為喪葬的發展劃分了三個歷史階段，從中不難看出漢代厚葬之風愈演愈烈、而情感投入越來越少的狀況。

上面，我們討論了漢代的葬儀。無論主張厚葬還是薄葬，涉及的根本問題都是如何處置自己和父母身體的問題。《孝經》云：「身體髮膚，受之父母，不敢毀傷。」〔註24〕在此，保護自己的身體不受傷害是孝，孝養、厚葬父母的身體更是孝的表現。就兩者的關聯而言，自己的身體來自父母的給予，父母的身體則是自己的母體，雙方是一體的。曾子云：「身也者，父母之遺體也。

〔註23〕引文均見《鹽鐵論·散不足》。
〔註24〕《孝經·開宗明義章》。

行父母之遺體，敢不敬乎？」〔註25〕講的正是這個意思。另外，《禮記》還記載，樂正子摔傷了腿，腿好了之後仍然數月不出門，弟子問他原因，他回答：「天之所生，地之所養，無人爲大。父母全而生之，子全而歸之，可謂孝矣。不虧其體，不辱其身，可謂全矣。故君子頃步而弗敢忘孝矣。……不敢以先父母之遺體行殆。壹出言而不敢忘父母，是故惡言不出于口，忿言不反於身。不辱其身，不羞其親，可謂孝矣。」這裡所引的曾子和樂正子的話，明顯是漢儒的附會。它反映的是漢人的孝觀，而不是先秦的孝觀。同時值得注意的是，如果漢人將自己的身體視爲「先父母之遺體」，人類發展的歷史也就成了身體與身體相接續的歷史。由此，用隆重的葬儀處置父母的身體，並以發自內心的哀傷憑弔，既是對父母盡孝，也是自我珍愛。也就是說，身體生生不息的歷史，正是由孝親情懷連綴而成的歷史。這種將抽象的生死訴諸實相的表達方式，使漢人關於身體死亡與處置的看法，有了別於先秦的新意；也使孝、敬這些抽象的概念在具體的身體處置中獲得了感性直觀。另外，這種情感表達和喪葬儀式，使可怖的死亡在活人的表演中獲得了莊嚴的形式和內容，由此，這種對於身體的處置方式就不但涉及哲學和倫理學，而且是一種真正意義上的關於死亡的美學。

第二節　形而下的不朽

一、儒道不朽觀念的歧異

儒家哲學沒有彼岸，這一特點與其強烈的現世觀念有關。《論語》中錄有一段孔子與子路的對話，其中講道：「季路問事鬼神。子曰：『未能事人，焉能事鬼？』『敢問死？』曰：『未知生，焉知死？』」〔註26〕按照這一思想，後世儒家知識分子，對鬼神、死亡這些超出人的經驗範圍的問題，基本上採取存而不論的態度。但是，這種對鬼神和死亡問題的懸置，卻爲儒家哲學留下了一個長期困擾的問題，即：人死後究竟向何處去。由於這個問題沒有得到有效解決，孔門弟子自曾子始，對死亡的恐懼就成了揮之不去的夢魘。如《論語》記云：

　　　　曾子有疾，召門弟子曰：「啓予足！啓予手！詩云：『戰戰兢兢，

〔註25〕《禮記・祭義》。
〔註26〕《論語・先進》。

如臨深淵，如履薄冰。』」

　　曾子有疾，孟敬子問之。曾子言曰：「鳥之將死，其鳴也哀；人
之將死，其言也善。」〔註27〕

　　也許，正是因爲儒家哲學沒有彼岸，它才會以更大的熱情去操持此岸。
這種操持表現在生死問題上，就是用厚葬許諾給人一個隆重的死亡。作爲一
種紀念儀式，厚葬既是對死者在世功績的一個莊嚴肯定，也是對生者死亡焦
慮的一種心理舒解、撫慰和補償。同時，沒有彼岸，也就意味著沒有眞正意
義上的不朽，意味著死亡是一個有去無回的無底之淵。對於這一問題，儒家
的解決方式就是讓死者最大限度地活在生者的記憶中。所謂三年之喪（「事死
者如事生……稱諱如見親」〔註28〕），正是試圖通過對記憶的強化使死者的音
容笑貌得到較長期的維持。擴而言之，儒家對亡人的紀念方式分爲多種，其
中，三年之喪，主要涉及直系親屬之間的記憶問題。除此之外，在中國古代，
同宗者往往建有祠堂，同族同姓者則續有家譜或族譜，這屬於家族或宗親記
憶的範圍。在一個國家或民族共同體內部，對於那些立下曠世功勳的人，往
往要將他們的事迹書於簡牘，記於正史，這顯然涉及一個國家或民族化的集
體記憶問題。從如上諸種方式看，中國的儒家雖然沒有爲人的死亡設定一個
可以進入的彼岸，但他卻爲人的不朽找到了一個替代方案。這種不朽，就是
讓死者以影像的形式繼續活在後人心中。中國的儒家之所以極端重視家族祭
祀和青史留名，從根本意義上是一個借他人記憶獲得不朽的問題。而對子嗣
的重視，則涉及記憶主體的永續和保持。因爲沒有記憶主體的存在，被記憶
的對象將失去憑依。

　　儒家用記憶在此岸建立的不朽方式，對逝者而言是一種重要的精神撫慰
和激勵。在家族、社會、國家之間，一個人愈是擴大他的貢獻度和影響力，
愈會在更大的範圍內成爲人們的記憶對象。據此，儒家士人面對死亡，重要
的任務不是放棄現世專修來世，而是以最有價值的現世貢獻對後人的記憶力
施加影響。可以認爲，中國的儒家之所以總是對懷才不遇抱有巨大的焦慮感，
並對社會人生抱持積極進取的態度，正是因爲有這種死亡對人的反向激勵和
促迫存在。

　　從以上分析可以看出，漢代儒家的厚葬和三年之喪，一方面給生者帶來

〔註27〕《論語・泰伯》。
〔註28〕《禮記・祭義》。

了沉重的經濟負擔，另一方面也促成了那一時代奮發有爲、不懼生死的精神。比較言之，漢代道家關於死亡問題的理解要更爲複雜。按照孝文帝和楊王孫對死亡的理解，前者講「死者天地之理，物之自然者」，後者講「死者，終生之化，而物之歸者也」，都是以人向自然的復歸否定了肉身不朽的可能性，或者說是以自然的不朽代替了對人不朽問題的討論。但是，從漢代黃老之學對人身體以及人與自然關係的認識中，又明顯可以推出如下幾種死亡觀念：首先，按照《淮南子》的看法，人的身體是「形、神、志、氣」的組合，死亡是形體的朽壞，而神、氣卻可以從肉體飄離出去，得以永存。楊王孫所謂「精神者天之有也，形骸者地之有也」，正是說明他的裸葬並不妨礙精神的上昇。在此，道家明顯是以形神分離的死亡觀，肯定了人以精神形式繼續存在的可能性。其次，人的身體來自天地自然的化育。如果自然是永恆的，那麼，人作爲自然的有機組成，他在本質上也必然具有永恆的品性。據此，人之所以沒能實現永恆，原因無非在於被形形色色的嗜俗遮蔽了自然本性，遠離了人的自然本質。由此看，道家推崇的自然化生存，也可以理解爲試圖使自己永遠遠離死亡的生存。它以人在此岸世界與天地的並生，否定了肉身存在的短暫性；以自然的永恆，爲人對死亡的規避提供了可能性。

二、神人、眞人與仙人

如上所言，漢代的道家以形神分離的死亡觀，肯定了人肉身的死亡並不妨礙他以精神的方式繼續存在。但值得注意的是，中國道家哲學，尤其是漢代哲學所言的「精神」，不是西方心理學意義上的概念，而是具有物質屬性。如董仲舒云：「氣之清者爲精」，《淮南子》云：「夫精神氣志者，靜而日充者以壯，躁而日耗者以老」，都說明精神是人體內部的一種物質性動能。由此看，漢代道家所講的「精神離形」並不是人徹底的死，而是用「精」、「神」這種更純粹的方式生。而且這種生並不是在彼岸的再生，而是在此世生命的永續。從這個角度講，無論人以「離形」後的精、神存在，還是通過自然化與天地並生，都是一種在世存在，都是試圖在形而下的層面超越生命的有限性。

精神是一種物質性存在而非心理性存在，這是道家哲學關於身體問題的基本認識。進而言之，具有物質屬性的東西均會訴諸感性直觀。如果「神」具有物質屬性，那麼它也必然會表現爲人化的外觀。從先秦至兩漢的文獻看，這種圍繞「純粹精神」設定的人體形式是存在的，這就是神人。

道家對於神人的記載，最早見於莊子的《逍遙遊》和《天地》二篇。如其所言：

> 藐姑射之山，有神人居焉。肌膚若冰雪，淖約若處子；不食五穀，吸風飲露；乘雲氣，御飛龍，而遊乎四海之外；其神凝，使物不疵癘而年穀熟。

> 「願聞神人。」曰：「上神乘光，與形滅亡，是謂照曠。致命盡情，天地樂而萬事銷亡，萬物復情，此之謂混溟。」

從這兩段話看，神人作爲物質存在中最純粹的形式，它存在於光裏。這光既可以顯形，又可以使形體在光中消融。也許因爲純潔的神人與人現實可達的境界距離太遠，它在《淮南子》中沒有出現，但在後來的漢代文獻中卻可以見到，〔註29〕如最早的道教經典《太平經》，整部書採用的就是神人與眞人對話的方式。其中描述神人云：

> 無形委氣之神人與元氣相似，故理元氣。大神人有形，而大神與天相似，故理天。〔註30〕

> 凡聖皆有極，爲無形神人，下極爲奴婢。神人者，乘氣而行，故人有氣即爲神，氣絕即神亡。〔註31〕

> 神者，上與天同形同理，故天稱神，能使神也。神也者，皇天之吏也。神人者，皇天第一心也……精光爲萬物之心。〔註32〕

這種描述基本上是對莊子神人觀念的發展。作爲可慕而不可求的對象，神人是眞善美的集合，也是人在追求不朽之路上設定的最高存在。按照東漢《太平經》排定的序列，「神人者象天，天者動照無不知。眞人者象地，地者直至誠不欺天，但順人所種不易也。仙人者象四時，四時者，變化凡物，無常形容，或盛或衰。道人者象五行，五行可以占卜吉凶，長於安危。聖人者象陰陽，陰陽者象天地以治事，合和萬物，聖人亦當合和萬物，成天心，順陰陽而行。賢人象山川，山川主通氣達遠方，賢者亦當爲帝王通達六方。凡民者象萬物，萬物者生處無高下，悉有民，故象萬物。奴婢者衰世所生，象

〔註29〕《史記·孝武本紀》多將「仙」與「神人」混用，但從其本意看，指的是仙人，而非神人。

〔註30〕《太平經·九天消先王災法》。

〔註31〕《太平經·四行本末訣》。

〔註32〕王明：《太平經合校》，中華書局 1960 年版，第 221 頁。

草木之弱服者，常居下流，因不伸也，奴婢常居下，故不伸也，故象草木。」
〔註33〕從這種排序可以看出，《太平經》按照道行的深淺將人分爲七類：一爲
神人，二爲眞人，三爲仙人，四爲道人，五爲聖人，六爲賢人，七爲奴婢。
人的超越的路徑，也就是如何從奴婢一步步向神人發展。〔註34〕

作爲一部宗教著作，《太平經》需要將人往更高處引領，這大概是它在眞
人之上又對神人進行刻意強調的原因。比較言之，同出一系的《淮南子》沒
有涉及神人，它對人的超越性的認識主要體現在對眞人的描述上。如其所言：

> 所謂眞人者，性合於道也，故有而若無，實而若虛，其處一不
> 知其二，治其內不識其外，明白太素，無爲復樸，體本抱神，以遊
> 於天地之樊，芒然仿佯於塵垢之外，而逍遙於無事之業。……大澤
> 焚而不能熱，河漢涸而不能寒也，大雷毀山而不能驚也，大風晦日
> 而不能傷也……此精神之所以能登假於道也。是故眞人之所遊，若
> 吹呴呼吸，吐故內新，熊經鳥伸，鳧浴猿躩，鴟視虎顧，是養形之
> 人也，不以滑心。〔註35〕

> 若夫眞人，則動容於至虛，而遊於滅亡之野，騎蜚廉而從敦圉，
> 馳於方外，休乎宇內，燭十日而使風雨，臣雷公，役夸父，妾宓妃，
> 妻織女，天地之間，何足以留其志〔註36〕！

孟子云：「大而化之之謂聖，聖而不可知之謂神。」〔註37〕《淮南子》作
爲一部大量引用《莊子》的哲學著作，對神人少有置喙，大概與整個漢代哲
學的感性取向以及神人的不可把握有關。比較言之，「與地相似」的眞人就不
但更接近眞實，而且對於有很高道術修養的淮南王劉安而言，是一個可以通
過體道和治身實現的目標。比如眞人具有的「性合於道」、「體本抱神」、「養
形」等特性，都可以通過當下的潛心修煉完成。顯然，如果人通過現世的修
煉可以具有「大澤焚而不能熱」之類的道行，可以像眞人一樣「臣雷公，役
夸父」，那麼它對專業的修行者，就比撲朔迷離的神人更具吸引力。

〔註33〕王明：《太平經合校》，中華書局 1960 年版，第 221～222 頁。
〔註34〕從前面的論述已可看出，道家哲學與道教不是兩離的，後者是前者的合理發
　　　　展。在漢代，沒有道教這個概念，像王充和牟子皆將後人所言的道教直接稱
　　　　爲道家。所以將兩者合論更切合漢代的實際。
〔註35〕《淮南子·精神訓》。
〔註36〕《淮南子·俶眞訓》。
〔註37〕《孟子·盡心下》。

　　但是，對於非專業人士而言，眞人依然是一個不可實現的目標。這是因爲，他們一方面缺乏「體本抱神」的治身能力，另一方面也不願因「性合於道」而捨棄塵世的身體之欲。在這種背景下，成仙就主宰了漢代一般士人直至最高統治者的理想。在漢代，「好仙道」的帝王首推漢武帝，他不但因司馬相如的一篇《大人賦》而「飄飄有凌雲之氣，似遊天地之間」，〔註38〕而且將求仙訪道作爲他試圖跨越生死的重要途徑。從《史記·孝武本紀》可以看到，他手下先後有李少君、少翁、欒大、公孫卿四位得到重用的方術之士，雖然屢屢被騙，仍然樂此不疲。一次，他被公孫卿編造的黃帝成仙故事深深打動，於是感歎道：「嗟乎！吾誠得如黃帝，吾視去妻子如脫屣耳。」〔註39〕

三、漢代的神仙信仰與實踐

　　東漢劉熙《釋名》云：「老而不死曰仙，仙，遷也，遷入山也，故製字人旁作山也。」〔註40〕許愼《說文解字》云：「仙，長生遷去也。」從這種定位看，仙人既在世又超越，既不像神人撲朔迷離，又不像眞人需要專業訓練。可能正是這種既簡便又易於把握的特點，使成仙成爲漢代人主要的追逐目標。如《史記·孝武本紀》載，漢武帝東巡海上，「齊人之上疏言神怪奇方者以萬數」，「（武帝）留宿海上，與方士傳車及間使求仙人以千數」。這裡的「萬數」與「千數」，既說明當時方士的眾多，也說明成仙理想對漢代官方及至庶人形成了普遍性的影響。另外，在漢代，揚雄、桓寬、王充、張衡都對當時統治階層的神仙信仰進行過尖銳的批評，這也從反面證明了神仙信仰在當時已成爲不得不引人嚴重關切的社會現象。那麼，漢代統治階層爲什麼對成仙具有如此的熱情呢？除神人的不可把握和成爲眞人需要很高的道行外，還當和以下原因有關：

　　首先，從《太平經》對於仙人的定位看，「神人主天，眞人主地，仙人主風雨，道人主教化吉凶，聖人主治百姓，賢人輔助聖人。」〔註41〕其中的仙人既不像神人（天）一樣遙不可及，又不像眞人（地）一樣「專而信」，缺乏動感，更不像道人、聖人、賢人一樣必須爲人間的事務操勞。它存在於天地之間，與人的位置最接近；它像四時風雨一樣「變化凡物，無常形容」，又讓

〔註38〕《史記·司馬相如列傳》。
〔註39〕《史記·孝武本紀》。
〔註40〕《釋名·釋長幼》。
〔註41〕《太平經·致善除邪令人受道戒文》。

人感到一種超凡的神奇。《太平經》云：「能飛者，獨得道仙人也。」〔註 42〕
這種飛翔的能力意味著通過「羽化」可以擺脫肉身的局限性，實現自由理想。

其次，從仙人的職分看，他「職在理四時」，是主管時間的神。這種職分意味著他是不被時間限制的、可以永生的存在。如《太平經》云：「天地所私者三十歲，比若天地日月相推，有餘閏也，故為私命，過此者為仙人。」〔註 43〕對人而言，死亡是任何時代都試圖解決的人生終極問題。如果成仙能使人徹底擺脫必死的宿命，他也就克服了時間的限制，實現了生命的自由。在秦漢文獻中，無論是秦始皇派徐市、盧生到海上尋仙人仙居，還是漢武帝重用方術之士，其核心任務就是得到「不死之藥」，替帝王解決如何生命永駐的問題。

第三，從成仙的方法和途徑看，它不靠內在修習和專業修養，而靠外在的輔助手段。有時一丸丹藥便可徹底解決問題。這種「捨身外求」的方式意味著，成仙不是修道者的專利，而是向非專業人士敞開。劉向在《列仙傳》中列舉的 70 位仙人，幾乎都是靠服食實現了目標。在《太平經》中，仙人和仙方仙藥也總是密切聯繫在一起。由此，對於當時的統治者來講，即便他對神仙道術一竅不通，但由於有足夠的財力和人手作保證，他也照樣可以進入不死者的行列。

第四，漢人將學仙的效果分為三個方面，一是永生，二是延年益壽，三是改變容貌。即便一些手段無法使人實現永生，起碼也可以延年益壽，並使容貌變得清朗可觀。從《太平經》看，當時人認為符籙、丹藥均可除病，即所謂「天符還精以丹書，書以入腹，當見腹中之文大吉，百邪去矣。」〔註44〕而丹書改變形貌的功能則在《太平經》的作者于吉本人身上得到了應驗。如唐人王松年《仙苑編珠》記云：「于吉，北海人也。患癩瘡數年，百藥不愈。見市中有賣藥公，姓帛名和，因往告之。乃授以素書二卷。謂曰，此書不但愈疾，當得長生。」〔註45〕這種通過學道延長生命並改變形貌的功能意味著，即便人不可能藉此長生久視，也可以在現實中活的更美、更健康。到魏晉時期，道教方藥的這種現實功能引起了士人的廣泛興趣，以至服食丹藥（五石

〔註42〕《太平經·致善除邪令人受道戒文》。
〔註43〕《太平經·九天消先王災法》。
〔註44〕《太平經·長存符圖》。
〔註45〕轉引自王明：《太平經校釋》之《太平經著錄考》，中華書局 1960 年版，第 748頁。

散）成為一時風潮。

從以上分析可以看出，漢代道教的神仙信仰，是人的生命關切的理想表現形式。它上接神界，下連人間，在人與神的隔離中找到了一條可以溝通的路徑。這裡的仙，既不是被塵世法則所拘的人，也不是遙不可及的神，而是一種既具有人的身體又消除了人的局限性、既具有神力又沒有被充分虛化的半人半神。這種中間狀態，使他既居世又出世，既可嚐享人間的快樂又可擁有超越性的自由，代表了人在兩個世界之間進退自如的審美理想。所以，如果撇開其迷信成份，它應該反映了人的自由本質，是人的本質力量的理想實現。同時必須看到，在漢代，這種自由和理想不是指向精神，而是落實於肉體。是通過一系列手段將人的身體推向理想化的存在狀態，而不僅僅是一種精神的解放。比如，道教神仙的長生不老，既不是儒家靠後人記憶維繫的青史留名，又不是西方所謂的靈魂永生，而是活的肉身的當下實現；道教的「羽化登仙」，既不是想像力的遠遊，又不是關於死後世界的空幻許諾，而是要讓身體實現真正的飛翔。這種要求克服身體局限性，並在此岸直接兌現的努力雖然不可能實現，但卻引發了當時關於身體的激動人心的審美實踐。

漢代道教的這種身體實踐，在先秦已有人提到。如莊子云：「夫列子御風而行，旬有五日而後反。」〔註46〕「吹呴呼吸，吐故納新，熊經鳥伸，爲壽而已矣。此導引之士，養形之人，彭祖壽考之所好也。」〔註47〕前者涉及仙人之功，後者涉及仙人之壽。但是，在先秦那個崇尚思想的時代，這種道術並沒有引起人們的重視。如莊子重視的是心齋、坐忘、遊心等精神性的東西，而對直接付諸身體的道術則持蔑視的態度。比如，他評價列子「彼於致福未數數然也」，認為導引之士都是一些「養形之人」，就是這種態度的證明。在漢代，雖然思想者依然在捍衛精神的價值，但人的塵世之欲卻強烈地要求精神的自由在肉體層面得到同樣的兌現。這種傾向因為黃老道家的實用主義、漢文化的荆楚傳統、統治階層和民間共有的超越渴望而得到加強，從而使先秦哲學注重的精神關懷下降為世俗的肉體關懷，形而上的自然之道下降為形而下的方術之技。

〔註46〕《莊子・逍遙遊》。
〔註47〕《莊子・刻意》。

四、漢代道家的方術

今天，我們一般認定道家的方術化出現於東漢末年道教誕生的時期，但事實並非如此。從歷史文獻看，是道家在漢代的方術化孕育了道教，而不是道教促成了道家的方術化。從史籍看，漢文帝時期，道家方術已廣爲人知。據桓譚《新論》記載，漢文帝曾經接待過一位 180 歲的老翁，並問他長壽的原因——「能服食至此乎？」老翁回答：「臣不能導引，無所服餌也。不知壽得何力。」〔註48〕顯然，如果後來道教的服食、導引在漢初不爲人知，漢文帝絕對不會有此問，老翁也不會有此種回答。再如《淮南子》是道家在漢代的代表著作，他的編訂者劉安本應是一位嚴肅的理論家，但事實上，他卻具有哲學家和方術之士的雙重身份。甚至說，他的理論很大程度上是爲了指導人成聖成仙的身體實踐。如王充云：「淮南王學道，招會天下有道之人，傾一國之尊，下道術之士。是以道術之士，並會淮南，奇方異術，莫不爭出，王遂得道，舉家昇天，畜產皆仙，犬吠於天上，雞鳴於雲中。此言仙藥有餘，犬雞食之，並隨王昇天也。好道學仙之人，皆謂之然。」〔註49〕《淮南子》中也提到王子喬、赤松子這兩位著名的仙人：「去塵埃之間，吸陰陽之和，食天地之精，呼而出故，吸而入新，躡虛輕舉，乘雲遊霧，可謂養性矣。」〔註50〕另外，與淮南王劉安同時的漢武帝，他與手下的方士也不僅僅是一味到海上求仙，而且也重視當下的養生之技（如辟穀和卻老方）。如《史記》云：「是時而李少君亦以祠竈、谷道、卻老方見上，上尊之。」〔註51〕這些材料證明，在道教出現以前，道家已在與世俗之欲的妥協甚至苟合中，走上了方術化的道路。

據此，我們可以把漢代道教出現以前的時間，稱爲爲道教提供方法論儲備的階段。那麼，道教出現以前的道家到底爲後來道教的身體實踐提供了哪些支持呢？下面，我們以王充《論衡·道虛篇》爲線索做一概述：

（一）養精。如王充云：「世或以老子之道爲可以度世，恬淡無欲，養精愛氣，精神不傷則壽命長而不死。成事，老子行之，逾百度世，爲眞人矣。」這應是最接近道家哲學精神的修煉方式。

（二）辟穀，即不食五穀。如王充云：「世或以辟穀不食爲道術之人，謂

〔註48〕《新論·袪蔽》。

〔註49〕《論衡·道虛篇》。

〔註50〕《淮南子·泰族訓》。

〔註51〕《史記·孝武本紀》。

王子喬之輩以不食穀，與恒人殊食，故與恒人殊壽，愈百度世，遂爲仙人。」
那麼，修道成仙者吃什麼呢？王充曾列舉其「食譜」云：「爲道者服金玉之精，
食紫芝之英，食精身輕，故能身輕。若士者食合蜊之肉，與庸民同食，無精
輕之驗，安能縱體而昇天？」另從劉向《列仙傳》看，辟穀是被漢代廣泛瞭
解的成仙手段。如其中寫到，赤將子輿食百花，赤松子食水玉，仇生食松脂，
范蠡食桂飲水，方回食雲母粉等，邛蔬食石髓（鍾乳石）等。

（三）食氣。這是辟穀的發展，指人不但不食五穀，而且不食任何固態
或液態的東西。如王充云：「聞食氣者不食物，食物者不食氣，若士者食物如
不食氣，則不能輕舉矣。」「眞人食氣。以氣爲食，故傳日：『食氣者壽而不
死，雖不穀飽，亦以氣盈。』」此前又見《淮南子・地形訓》云：「食氣者神
明而壽。」《淮南子・泰族訓》所講王喬、赤松「吸陰陽之和，食天地之精，
呼而出故，吸而入新。」也屬食氣。

（四）導氣。所謂導氣，即導引形體以舒血脈之氣，後稱導引。王充云：
「道家或以導氣養性爲不死，以爲血脈在形體之中，不動搖屈伸，則閉塞不
通。不通積聚，則爲病而死。」此前又見《淮南子・齊俗訓》：「學道者一吐
一吸，時詘時伸。」《泰族訓》所謂「熊經鳥伸」也是導氣或導引。

（五）丹藥。王充云：「道家或以服食藥物，輕身益氣，延年度世。」又
如《列仙傳》記崔文子作黃散赤丸，任光煉丹，瑕仲丘賣藥，皆得成仙。另
外，《淮南子》中曾多次提到各種草藥。由此可見，醫藥在當時被賦予了治病
和助人「壽之爲仙」的雙重功能。〔註52〕

（六）祠竈，即祭竈。是李少君爲漢武帝所獻的成仙方術。如《史記・
孝武本紀》錄李少君語云：「祠竈則致物，致物而丹沙可化爲黃金；黃金成以
爲飲食器，則益壽；益壽則海中蓬萊仙者乃可見；見之以封禪，則不死，黃
帝是也。」從這段話看，祭竈被漢代神仙家視爲成仙的初始手段，即：祭竈
可以得到神的幫助，使丹沙煉成黃金；用這種黃金做的碗吃飯可以增壽，長
壽就可以見海中神仙，最後通過封禪就可以像黃帝一樣昇天長生。

（七）遊仙。遊仙既可指仙人的雲遊，又可指人到遙遠之地尋仙。如莊
子云：「千歲厭世，去而上仙，乘彼白雲，至於帝鄉。三患莫至，身常無殃，
則何辱之有？」〔註53〕在漢代，武帝指派方士到東海尋仙，前文已經述及，

〔註52〕上引王充文均見《論衡・道虛篇》。
〔註53〕《莊子・天地》。

此處不贅。另外,《史記‧秦始皇本紀》、司馬相如《大人賦》和王充《論衡‧道虛篇》均記有燕人盧敖在北方的尋仙活動。如王充云:「盧敖遊乎北海,經乎太陰,入乎玄闕,至於蒙谷之上,見一士焉:深目玄準,雁頸而鳶肩,浮上而殺下,軒軒然方迎風而舞。……若士者舉臂而縱身,遂入雲中。」〔註54〕可見尋仙並不局限於東方。

　　(八)尸解。這是成仙方式的一種。王充在《論衡‧道虛篇》中講:「愚夫無知之人,尚謂之尸解而去,其實不死。所謂尸解者,何等也?謂身死精神去乎,謂身不死得免去皮膚乎?」在這裡,雖然王充對尸解提出質疑,但也從反面證明了這種說法在他之前已經存在。那麼,什麼是尸解?葛洪《抱朴子》引《仙經》云:「上士舉形升虛謂之天仙,中士遊於名山謂之地仙,下士先死後蛻謂之尸解仙。」〔註55〕從這句話看,尸解就像蟬蛻一樣,讓人以仙的方式繼續存在。

　　從以上材料可以看出,東漢中期以前,雖然還沒有中國本土化的宗教組織出現,但流行的道家方術已經為道教的出現奠定了理論和方法的基礎,後來的道教只不過是將這種散亂的理論和實踐系統化,並進行了宗教的表述。比如,《太平經》以皇天、神人、真人、仙人、道人、聖人、賢士、奴婢為序建立的從神到人的譜系,明顯是將先秦至兩漢的此類論述賦予了更明晰的等級秩序。在以上列舉的辟穀等道術方面,則是對此前道家理論、方法的進一步闡發和細化。

五、《太平經》的成仙之路及審美特性

　　下面以服食為例,看漢末的《太平經》如何對此前道家的身體實踐進行了發展:

　　按照《太平經》的理解,人就其本性而言,像自然界的花草樹木一樣不需要食物。如其所言:「天下人本生受命之時,與天地分身,抱元氣於自然,不飲不食,噓吸陰陽氣而活,不知饑渴。」後來,「久久離神遠道,小小失其指意,後生者不得復知,真道空虛,日流為偽,更生饑渴,不饑不食便死」。〔註56〕從這種關於飲食的末世論觀點可以看出,人與自然的統一是人可以食氣而生、并因此可以像自然一樣永存的理論基礎。為了增加說服力,《太平經》

〔註54〕《論衡‧道虛篇》。
〔註55〕見《抱朴子內篇‧論仙》。
〔註56〕《太平經‧守三實法》。

又舉母腹中胎兒的生存方式來證明。如其所言：「胞中之子，不食而取氣。在腹中，自然之氣。已生，呼吸陰陽之氣。守道力學，反自然之氣。反自然之氣，心若嬰兒，即生矣。」〔註57〕腹中胎兒的狀態，就是生命的原始狀態。像胎兒一樣食氣而生，不但意味著回到了生命的本真，而且可以「色若處子」，心如嬰兒。這也是自老莊、《淮南子》直至後來道術之士的共同理想。

依據這種既可長生又可使人如腹中胎兒一樣純潔的理想，《太平經》為人放棄食物、以氣為食設計了一條路徑，即：「比欲不食，先以導命之方居前，因以留氣。服氣藥之後，三日小饑，七日微饑，十日之外，為小成無惑矣，已死去就生也。服藥氣之後，諸食有形之物堅難消者，以一食為度。食無形之物，節少為善。百日之外可不食，名不窮之道，名為助國家養民，助天地食主。」〔註58〕也就是說，要達到食氣的狀態，首先必須在導引、藥物等方面做好準備，然後逐漸減少食量，直至最後徹底絕食，便可與天地相始終——「食者命有期，不食者與神謀，食氣者神明達，不飲不食，與天地相卒也」。〔註59〕有意思的是，道教之士除試圖通過絕食、食氣成仙外，也賦予了這種行為崇高的社會意義，即：可以將由此節省下來的食物幫助國家養育它的百姓，幫助天地更好地滋養它的子民。

藥物是服食的重要組成部分。它不但可以袪病保身、作為人從正常飲食過度到食氣的輔品，而且可以通過服食丹藥直接成仙。基於此，《太平經》對自然界草木、禽獸可入藥者進行了分類論述。如其論草藥云：

> 草木有德有道而有官位者，乃能驅使也，名之為草木方，此謂神草木。治事立愈者，天上神草木也，下居地而生也。立延年者，天上仙草木也，下居地而生也。治事立訣愈者，名為立愈之方；一日而愈，名為一日而愈方；百百十十相應愈者是也。此草木有精神，能相驅使，有官位之草木也；十十相應者，帝王草也；十九相應者，大臣草也；十八相應者，人民草也；過此而下者，不可用也，誤人之草也。〔註60〕

像任何宗教都要建立神的譜系一樣，《太平經》不但根據藥效對自然界的草木進行了等級劃分，而且也對飛禽走獸進行了分類。如其所言：

〔註57〕王明：《太平經合校》，中華書局 1960 年版，第 699 頁。
〔註58〕王明：《太平經合校》，中華書局 1960 年版，第 684 頁。
〔註59〕王明：《太平經合校》，中華書局 1960 年版，第 700 頁。
〔註60〕《太平經·草木方訣》。

生物行精，謂飛步禽獸跂行之屬，能立治病。禽者，天上神藥
在其身中，天使其圓方而行。十十治癒者，天方在其身中；十九治
癒者，地精在其身中；十八治癒者，人精中和神藥在其身中。此三
者，爲天地中和陰陽行方，名爲治疾使者，神人神師也。〔註61〕

中國傳統醫學的發展與道教具有密切的關係。從《太平經》看，它一方
面有自然科學的認識基礎，另一方面又賦予了各種藥物神性的品質和功能。
藥物在最基本層面可以醫病，使人的生命得到有效保持；在中間層面，藥物
可以用於保健，使人益壽延年。在最高層面，則服務於道教超越生命局限、
長生不死的夢想。爲了實現這個終極目的，《太平經》爲人展示了一個動用各
種服食手段以達自由、永生的仙人形象——

青童君採飛根，吞日景，服開明靈符，服月華符，服除二符，
拘三魂，制七魄，佩星象符，服華丹，服黃水，服迴水，食鑊剛，
食鳳腦，食松梨，食李棗，白銀紫金，服雲腴，食竹筍，佩五神符。
備此變化無窮，超淩三界之外，遊浪六合之中。〔註62〕

引文中的青童君是道教中的東海仙人。唐詩人孟郊曾有贊詩云：「大霞霏
晨暉，元氣無常形。玄鸞飛霄外，八景乘高清。」〔註63〕後陸游也有詩云：「碧
海如鏡天無雲，眾眞東謁青童君。」〔註64〕從《太平經》對這位仙人的描寫
看，他不但以各種草木（如松梨、李棗、竹筍）和飛禽走獸（如鳳腦）作爲
服食對象，而且涉及礦物（如白銀紫金、鑊剛）和自然現象（如日景、雲霓）。
尤其值得注意的是，各種符籙也被漢末道教信徒作爲可服食的東西，如引文
中提到的開明靈符、月華符、星象符等，這明顯是受了漢代以符命驗吉凶的
影響。但不同的是，漢代的靈符大多是文字、圖讖，讓人看而非讓人吃，道
教將寫有神秘文字的符紙列爲服食對象，明顯表現出了從一般醫學向神學發
展的趨向。〔註65〕這種傾向在《太平經》中，首先表現爲將草木按藥效分成

〔註61〕《太平經·生物方訣》。
〔註62〕《三洞珠囊》卷三引《太平經》第一百十四。
〔註63〕孟郊：《列仙文·方諸青童君》。
〔註64〕陸游：《碧海行》。
〔註65〕《雲笈七籤》卷四十五《祕要訣法》云：「符者，三光之靈文，天眞之信也。」
　　　　《太上老君說益算神符妙經》云：「神符神符，泄自太無，生天生地。與道卷
　　　　舒，佩奉之者，厄難消除，得成眞道，身升玄都。」關於道教徒服食靈符，《世
　　　　說新語·術解》記云：「郗愔信道甚精勤，常患腹內惡，諸醫不可療，聞于法
　　　　開有名，往迎之。既來便脈，云：『君侯所患，正是精進太過所致耳。』合一

從「人民草」到「仙草」、「神草」一步步躍升的等級秩序，其次是以符籙將延年益壽的自然物進一步延伸爲超自然的力量。這種超自然的神性之物（符籙）的加入，意味著道教不但要借助外力使人長生不老，而且要在通神之物的幫助下使人具有仙人的神奇性，即：「變化無窮，超淩三界之外，浪遊六合之中。」

英國著名中國科技史家李約瑟曾講：「道家對形而下不朽之說的迷醉，世界上還找不到第二個例子。」〔註66〕這裡所謂的形而下不朽，就是身體的長生久視。從上文分析可以看到，這種以生命的無限延長最終使死亡得到克服的設想，不僅影響了道家的身體觀和中國的醫學理論實踐，而且「刺激了煉金技術的發展，使得中國的煉金術發展得比任何地方都要早。」〔註67〕從理論層面看，道家以形神二分論人，好像是以形體的速朽來反襯精神的永恒，具有形而上的性質，但這裡的「精神」由於具有物質屬性，並被具體化爲精氣和神人，所以它並沒有完成向彼岸的超越。從實踐層面看，道教術士主要借助遊仙和服食實現變化無窮、長生久視的身體理想。其中的遊仙，好像將仙人所居的區域與塵世進行了隔離，進而有了此界與彼界的區分，但顯然的一個問題是，遊仙所指向的區域——不論是東方的蓬萊仙島還是西方的崑崙之山，都是一種空間性的遙遠，依然是在此岸而非彼岸。從這個意義上講，道家和道教的遊仙與服食，雖然一個將身體價值寄予遙遠世界，一個專注當下的身體修煉，但他們追求的不朽都不是在彼岸的實現，而是在此岸的達成。這種身體理想的此岸性，使中國哲學和宗教沒有真正意義的超越性神靈，只有此世關於人體的理想。關於這種理想的意義，李約瑟曾云：「由於這個思想，中國才沒有受到歐洲那種神志失調症的痛苦——一方面不能脫離機械文明的唯物主義，一方面又追求神學思想的唯靈主義。」〔註68〕

第三節　對身體不朽的駁難

一、儒道的神學化與揚雄的批判

漢代儒家與道家，雖然哲學、政治立場存在諸多差異，但其整體風格和

　　　劑湯與之。一服，即大下，去數段許紙如拳大，剖看，乃先所服符也。」
〔註66〕李約瑟：《中國科學思想史》，江西人民出版社1999年版，第159頁。
〔註67〕李約瑟：《中國科學思想史》，江西人民出版社1999年版，第160頁。
〔註68〕李約瑟：《中國科學思想史》，江西人民出版社1999年版，第174頁。

走向卻有鮮明的一致性。前文曾談到漢代思想整體趨於感性的特點，除此之外，則是其共同的神學化傾向。比如，董仲舒將「陰陽消息」組入到儒家思想系統，一方面爲偏於實用理性的先秦儒家補了宇宙論和形而上學，另一方面，這種補充也使漢代儒學走向了讖緯神學，使符瑞災異等超驗性的神力成了指導人現實實踐的重要工具。與此對應，漢代道家則因與方術之士的合流而世俗化，將哲學的形而上追問具體化爲現實中成神成仙的技術操作。這兩個思想流派，一個要在先秦的基礎上上昇，一個要下降，好像所取路徑南轅北轍，但它們卻在上昇與下降的中途形成了一個奇妙的聯結，即：分別用神學化的宇宙論和生死實踐共同拱衛起了一種半人半神的宇宙和人生——前者要借意志之天爲人的現世行爲立法，以陰陽災異推演時政得失；後者則借神的指引使人的世俗之欲得到超限度滿足，從長生久視直至羽化登仙。這種共同的神學取向使漢代哲學顯示出混沌雜合的特徵，也使儒家與道家在這個新的界面上實現了和平共處。同時，即便他們之間發生矛盾，也不再局限於哲學和政治觀念層面，而是向神學進一步延伸。如《風俗通義》記董仲舒云：

> 武帝時迷於鬼神，尤信越巫，董仲舒數以爲言。武帝欲驗其道，令巫詛仲舒；仲舒朝服南面，誦詠經論，不能傷害，而巫者忽死。
> 〔註69〕

這裡的「越巫」雖不能等同於道家，但卻與道教方術之士屬於同類。董仲舒「朝服南面，誦詠經論」與「越巫」對決，顯然是將先秦「不語怪力亂神」的儒家，賦予了一種神力。而「巫者忽死」則是對這種神力的檢驗。這種神力與神力之間的鬥爭，與先秦儒、道在哲學和人生觀念上的矛盾顯然不在一個層級。也就是說，先秦儒道之間的「鬥理」到兩漢時期出現了向「鬥法」的轉移。

在漢代，儒家和道家的神學化均可從武帝時期找到發端。前者主要體現爲董仲舒由解《公羊春秋》而導致的讖緯之學的產生，後者則體現爲大批方術之士進入武帝的宮廷，並被奉爲上賓。這兩種潮流互爲表裡，分別從社會政治和個體生命兩個側面對武帝以降的兩漢社會形成了重要影響。〔註70〕但

〔註69〕《風俗通義》卷九。又及：漢武帝迷信越巫，可見於史載。如《史記·孝武本紀》云：「是時既滅南越，越人勇之乃言：『越人俗信鬼，而其祠皆見鬼，數有效。昔東甌王敬鬼，壽至百六十歲。後世謾怠，故衰秏。』乃令越巫立越祝祠，安臺無壇，亦祠天神上帝百鬼，而以雞卜。上信之，越祠雞卜始用焉。」另外，下文言及王充信鬼，當和他生長於越地有關。

〔註70〕王莽篡位，即起於矯用符命。如《漢書·王莽傳》記云：「前輝光謝囂奏武功

同時必須看到，這種「不問蒼生問鬼神」的狀況越是泛濫成災，越會在知識界引起相應強烈的反彈。比如，對於儒家讖緯神學的荒誕性，始於西漢後期的古文經學家進行了尖銳的批評，並試圖進行校正。這種傾向，自劉歆欲以《春秋左氏傳》代替《公羊春秋》即可看出端倪。〔註71〕東漢時期，反彈聲浪更趨加強。比如漢章帝時期，經學家賈逵「摘讖互異三十餘事，諸言讖者皆不能說」；〔註72〕張衡奏《請禁絕圖讖疏》云：「此皆欺世罔俗，以昧勢位，情僞較然，莫之糾禁。……誠以實事難形，而虛僞不窮也。宜收藏圖讖，一禁絕之，則朱紫無所眩，典籍無瑕玷也。」〔註73〕與此相應，對道家神仙方術所標榜的長生不老及成道成仙之論的批判，也成爲一時的潮流。論者主要有揚雄、桓譚、王充、荀悅等一批理智清明的思想家。下面首先看揚雄：

揚雄是西漢後期的正統儒家。這一點，從其摹仿《論語》作《法言》就可以看的清楚。爲了恢復先秦儒家重視現實經驗的傳統，揚雄將求眞作爲至善的基礎。如其所言：「幽必有驗乎明，遠必有驗乎近。大必有驗乎小，微必有驗乎著。無驗而言之謂妄。君子妄乎？不妄。」〔註74〕從這段話可以看出，經驗理性是揚雄認識世界的起點。這種近於科學主義的態度與董仲舒以合理想像建構新儒學體系的努力尖銳對立。以此爲背景，漢代有著廣泛信仰基礎的成道成仙之論，自然會被他視爲不經之談。如其所言：

長孟通濬井得白石，上圓下方，有丹書著石，文曰：『告安漢公莽爲皇帝。』符命之起，自此始矣。」東漢時期更是如此，如《後漢書·張衡傳》記云：「光武善讖，及顯宗、肅宗因祖述焉。自中興之後，儒者爭學圖緯，兼復附以妖言。」由於帝王好圖讖，善不善此道也便成了能否儒者能否做官的條件。《後漢書》曾記鄭興云：「興數言政事，依經守義，文章溫雅，然以不善讖故不能任。」（《後漢書》卷三十六《鄭興傳》）同時，圖讖與方術相輔相成，以圖讖推政事者必以神仙言生死。如《漢書·王莽傳》記云：「或言黃帝時建華蓋以登仙，莽乃造華蓋九重，高八丈一尺，金瑵羽葆，載以秘機四輪車，駕六馬，力士三百人黃衣幘，車上人擊鼓，挽者皆呼『登仙』。莽出，令在前。」

〔註71〕 事見《漢書·劉歆傳》、《後漢書》卷三十六《賈逵傳》。

〔註72〕 語見《後漢書·張衡列傳》。但值得注意的是，賈逵與當時言讖者的辯論，目的不是否定圖讖的存在，而是試圖以《左傳》代替《公羊春秋》作爲對圖讖的正解。如其所言：「《五經》家皆無以證圖讖明劉氏爲堯後者，而《左氏》獨有明文。」（見《後漢書》卷三十六《賈逵傳》）。由此看來，賈逵的反圖讖，實爲從一種謬誤陷入另一種謬誤。但從西漢以降的圖讖之學皆宗述董仲舒的公羊學看，賈逵及同時代的古文經學家藉此確立《左傳》在儒學中的正統地位，依然是有意義的。

〔註73〕 《後漢書·張衡傳》。

〔註74〕 《法言·君子卷》。

或問：「人言仙者，有諸乎？」曰：「吁！吾聞虙羲、神農歿，黃帝、堯、舜殂落而死。文王，畢。孔子，魯城之北。獨子愛其死乎？非人之所及也。仙亦無益子之彙矣。」

或曰：「聖人不師仙，厥術異也。聖人之於天下，恥一物之不知；仙人之於天下，恥一日之不生。」曰：「生乎！生乎！名生而實死也。」

或曰：「世無仙，則焉得斯語？」曰：「語乎者，非嚚嚚也與！惟嚚為，能使無為有。」

或問「仙之實」。曰：「無以為也。有與無，非問也。問也者，忠孝之問也。忠臣孝子，偟乎不偟。」〔註75〕

揚雄在此列舉了一系列古代聖王，這些人在後人的想像中都必然是進入永生行列的。但是，伏羲等聖王的死亡、孔子「魯城之北」的墳塋卻揭示了人生殘酷的必死的事實。按照揚雄這種凡事必追求實證的思想方法，任何關於聖王的善良想像都失去了事實依託。揚雄進而看到，所謂的仙人「恥一日不生」，是杜撰的生；所謂仙人的存在，不過是在三人成虎式的議論中使「無」變成了「有」。這種虛妄之論，除了使議論者逞一時之歡外，並沒有實際意義。正如孔子言：「我欲載之空言，不如見之於行事之深切著明也。」〔註76〕——與其製造出仙人神話自我欺騙，還不如操持好人當下必須承擔的道德義務更好。這是揚雄否定神仙的思想基礎。

揚雄云：「有生者必有死，有始者必有終，自然之道也。」〔註77〕這種觀點，一方面揭示了一切生命必歸於死亡的規律，另一方面，也必然使人因對自然規律的洞察而更勤勉地操持當下的人生。這種存在的勇氣，很有點類似於海德格爾「向死而在」的哲學命題。正是基於這種認識，揚雄像先秦儒家一樣將人壽命的延長寄於現世的道德修養上。在他看來，人與自然界動物的長壽不一樣，「物以其性，人以其仁」。〔註78〕也就是說，動物的壽命源於其物種的規定性，人的壽命則源於人培養道德心的自為能力。這種被培養的仁德之心，可以使人「內不傷性，外不傷物，上不違天，下不違地，處中居正，形神以和」，〔註79〕從而使生命得到有效延長。同時，內在的仁德之心必然進

〔註75〕《法言・君子卷》。
〔註76〕《史記・太史公自序》。
〔註77〕《法言・君子卷》。
〔註78〕《法言・君子卷》。
〔註79〕《申鑒・嫌俗》。

一步外化爲對他人有益的行動，而這種行動又總是被他人懷念和稱頌。這樣，仁德除了使人心性平和、健康長壽外，也必然會使施仁德者在他人的記憶中實現不朽。

二、桓譚論人的必死性

桓譚，字君山，和揚雄偏於實證的儒學有淵源關係。《後漢書》記云：「（桓譚）能文章，尤好古學，數從劉歆、揚雄辯析疑疑。」〔註80〕可見他們之間應有師承之誼。東漢中興後，他在光武帝手下任職，數次建議廢圖讖、恢復儒學實事求是的本來面目，結果讓迷信圖讖的光武帝大爲不滿。《後漢書》曾記云：

> 有詔會議靈臺所處，帝謂譚曰：「吾欲〔以〕讖決之，何如？」譚默然良久，曰：「臣不讀讖。」帝問其故，譚復極言讖之非經。帝大怒曰：「桓譚非聖無法，將下斬之！」譚叩頭流血，良久乃得解。
> 出爲六安郡丞，意忽忽不樂，道病卒，時年七十餘。〔註81〕

桓譚反對讖緯，其理由與揚雄反神仙大致相同，即：圖讖一方面不見於儒家正典，與儒家以仁義爲本的正道相悖，另一方面與現實的事理不合。如其上光武帝奏摺所言：

> 愚夫策謀，有益於政道者，以合人心而得事理也。凡人情忽於見事而貴於異聞，觀先王之所記述，咸以仁義正道爲本，非有奇怪虛誕之事。蓋天道性命，聖人所難言也。自子貢以下，不得而聞，況後世淺儒，能通之乎！今諸巧慧小才伎數之人，增益圖書，矯稱讖記，以欺惑貪邪，詿誤人主，焉可不抑遠之哉！臣譚伏聞陛下窮折方士黃白之術，甚爲明矣；而乃欲聽納讖記，又何誤也！其事雖有時合，譬猶卜數隻偶之類。陛下宜垂明聽，發聖意，屏群小之曲說，述《五經》之正義，略靁同之俗語，詳通人之雅謀。〔註82〕

從這段話可以看出，光武帝迷信儒家一脈的圖讖，對道家一脈的「黃白之術」卻不感興趣。所謂黃白之術，即道家的卻老成仙之術，可更具體爲煉金術。對漢代統治者而言，煉金並不是爲了財貨，而是認爲黃金進一步煉出

〔註80〕《後漢書》卷二十八上《桓譚傳》。
〔註81〕《後漢書》卷二十八上《桓譚傳》。
〔註82〕《後漢書》卷二十八上《桓譚傳》。

的金丹可以使人服食成仙。﹝註83﹞在桓譚的思想中，反圖讖和反服食是相輔相成的。他對道家方術的批判和對人生命存在狀況的理解，是對揚雄以現實經驗檢驗思想真理性的發展。比較言之，揚雄重視「驗」，是對神仙虛妄之言的否定性證偽；桓譚重視「得事理」，則是在證偽基礎上對生命本相進行正面的肯定性闡發。同時，揚雄認為，仁德能使人益壽，這是將他的生命之思歸之於儒家倫理，桓譚則沒有在求真的盡頭為關於人生命的知識安裝上一個善的尾巴，而是更重視知識本身。從這個角度講，桓譚與揚雄相比，是一個更嚴肅的理論家。下面對其關於死亡的思想做一描述：

桓譚對死亡的認識首先基於他對形神問題的看法。前面曾經論及，漢代道家大多認為人的死亡是「精神離形，各歸其真」，肉體的速朽並不妨礙精神的長生。但在桓譚看來，精神作為人體的生命動能，它一方面決定著人壽命的長短，另一方面則必然隨著人形體的消失而消失。如他所言：「精神居形體，猶火之然燭矣。如善扶持，隨火而側之，可毋滅而竟燭。燭無，火亦不能獨行於虛空，又不能後然其地。猶人之耆老，齒墮髮白，肌肉枯臘，而精神弗為之能潤澤內外周遍，則氣索而死，如火燭之俱盡矣。」﹝註84﹞在桓譚看來，人理想的結果是精神能夠隨肉體的終結而終結，就像燭光能夠一直亮到蠟燭燃盡的那一刻。由此，人的自我守護就不是精神能否最終超越肉體的局限性而長存的問題，而是精神能否有效利用形體提供的資源的問題。從這種觀點看，精神不但不會比肉體存在的時間更長，反而像燭火只能依託於蠟燭一樣，只會被肉體的存在限定，比肉體的存在時間更短。

一方面精神被限定在肉體之內，另一方面，它又是決定人作為人存在的決定性力量。這種定位，不但使桓譚與漢代道家的一般觀點形成區別，而且決定了他對養生問題會抱持相對切合實際的看法。像漢代道家一樣，桓譚也認為養生「太上養神」，但這裡所養的神不是使人永生的神，而是能夠讓人「盡其天年而不中道夭」的神。如他以自己和揚雄作賦的體驗為例云：

余少時見揚子雲之麗文高論，不自量年少新進，而猥欲逮及。

﹝註83﹞ 桓譚《新論‧辨惑》記云：「史子心見署為丞相史，官架屋，發吏卒及奴婢以給之，作金，不成。丞相自以為力不足，又白傅太后。太后不復利於金也，聞金成可以作延年藥，又甘心焉。」另也有認為以黃金為食器可以益壽者。如《史記‧孝武本紀》錄方術李少君語云：「祠竈則致物，致物而丹沙可化為黃金，黃金成以為食器則益壽，益壽而海中蓬萊仙者可見。」

﹝註84﹞ 《新論‧祛蔽》。

　　　嘗激一事，而作小賦，用精思太居，而立感動發病，彌日瘳。子
　　雲亦言，成帝時，趙昭儀方大幸，每上甘泉，詔使作賦，爲之卒
　　暴，思精苦，始成，遂因倦小臥，夢其五藏出於地，以手收而内
　　之。及覺，病喘氣，大少氣。病一歲。由此言之，盡思慮，傷精
　　神也。〔註85〕

　　「盡思慮」必「傷精神」。精神傷則必然對人的壽命形成影響。據此，養
生的目的就不是讓人不朽，而是使受到損傷的精神能盡量堅持到肉體耗盡能
量的那一刻。在《新論・袪蔽》中，桓譚曾記載了一位名叫竇公的老人，他
不修習道家的服食和導引，也「不知壽得何力」，卻活了180歲。在桓譚看來，
這老人的長壽與他從小就雙目失明有關，因爲這樣可以「專一内視，精不外
鑒，恒逸樂，所以益性命也。」也就是說，少看到世界，必然少嗜欲、少煩
惱，必然使精神保持在平和的狀態。而良好的心態又必然有助於生命的延長。
但是，就像再長的蠟燭也必然有燃盡之時，長壽的人也必然最終要面臨死亡。
如其所言：

　　　今人之養性，或能使墮齒復生，白髮更黑，肌顏光澤，如彼促
　　脂轉燭者，至壽極亦獨死耳。明者知其難求，故不以自勞，愚者欺
　　或，而冀獲盡脂易燭之力，故汲汲不息。……生之有長，長之有老，
　　老之有死，若四時之代謝矣。而欲變其性，求爲異道，惑之不解者
　　也。〔註86〕

　　這段話，涉及桓譚以燭火喻生命的一個重要辯論。當時，他的朋友劉伯
師認爲，如果生命像蠟燭之燃燒，那麼爲了生命長存，可以通過不斷爲蠟燭
加油脂，或更換蠟燭的方式使生命之火無限延續下去，即所謂「燈燭盡，當
益其脂，易其燭；人老衰，亦如彼自續。」〔註87〕這裡的「益其脂」，明顯是
比喻道術之士借用外在手段（如服食、導引）使人永遠不死。而「易其燭」，
則是比喻人以另一種方式去生。比如，在當時的方術之士看來，人在塵世的
生命耗盡，他仍然可以繼續以神仙的方式去生。對於這種觀點，桓譚持否定
的態度。在他看來，每一個生命，僅僅像一根蠟燭。就像蠟燭不可能自己給
自己加油或自行更換爲其它蠟燭一樣，人也不可能超越自身的局限達至永

〔註85〕《新論・袪蔽》。
〔註86〕《新論・袪蔽》。
〔註87〕《新論・袪蔽》。

生。如其所言:「人即稟形體而立,猶彼持燈一燭,及其盡極,安能自盡易?盡易之乃在人,人之倘亦在天,天或能爲。」〔註88〕從這段話看,既然人沒有能力使自己長生,最後,桓譚似乎是將長生的希望交給了天。但在桓譚的哲學中,天不是意志之天,而是促成「四時之代謝」的自然規律。據此,所謂道家長生或成仙的夢想,就既非人力能爲,又不能從天找到根據。而人「欲變其性,求爲異道」,當然就是「惑之不解者也」。〔註89〕

從以上分析可以看出,桓譚像揚雄一樣,以在那個時代難得的理性肯定了人的必死性,但又在理論的深度上超越了揚雄。基於這種理性認知,他對當時社會流行的方術以及長生、成仙之觀念進行了充滿智慧的批判。比如在西漢武帝時期,《史記》所載的如下一則掌故,曾被視爲神仙存在的證明:

> 齊人少翁以鬼神方見。上有所幸王夫人,夫人卒,少翁以方術蓋夜致王夫人及竈鬼之貌云,天子自帷中望見焉。於是乃拜少翁爲文成將軍。〔註90〕

但在桓譚看來,這種通神之術不足採信,只不過是類似雜耍的幻術。在《新論·辨惑》中,他列舉了許多此類事例,最終以「故知幻術靡所不有」下了結論。另外,關於長壽成仙,他曾在《新論》中記述了如下三則軼事來闡述自己的觀點:

> 曲陽侯王根迎方士西門君惠,從其學養性卻老之術。余見侯曰:「聖人不學養性,凡人欲爲之,欺罔甚矣。」君惠曰:「夫龜稱三千歲,鶴言千歲,以人之材,何乃不如蟲鳥邪?」余應曰:「誰當久與龜鶴同居?君審知其年歲乎?設令然,蟬蟆渠略,又可使延年如龜鶴耶?」

> 余嘗與郎令喜出,見一老翁,糞上拾食,頭面垢醜,不可忍視。喜曰:「安知此非神仙?」余曰:「道必形體如此,無以道焉。」

> 劉子駿信方術虛言,爲神仙可學。嘗問言:「人誠能抑嗜欲,閉耳目,可不衰竭乎?」余見其庭下有大榆樹,久老剝折,指謂曰:「彼樹無情慾可忍,無耳目可閉,然猶枯槁朽蠹;人雖欲愛養,何能使

〔註88〕《新論·祛蔽》。

〔註89〕《新論·祛蔽》。

〔註90〕《史記·孝武本紀》。又及:桓譚《新論·辨惑》說此方士爲李少君,應爲訛誤。

之不衰？」〔註91〕

　　這三段文字，分別表達了桓譚對長生、道貌和學仙的**觀點**。首先，曲陽侯以龜鶴之長壽與人相類比，認定龜鶴尚能長壽，人作爲萬物靈長，必然可通過方術實現不老。但在桓譚看來，對龜鶴長壽的判斷只不過是人對自然缺乏細心觀察而導致的誤解。如果仔細觀察，必然會得出相反的結論。同時，如果人可以通過修習卻老之術長壽，那麼也一定有辦法使蟬螓之類的昆蟲延續生命，但事實上，這些自然物卻以「不知春秋」的短命提供了反證。其次，關於道貌。一般人認爲，仙人必在形貌上表現出與常人相比的奇異。這正是漢人認爲包犧氏蛇身人首、炎帝人身牛首的原因，也是引文中的冷喜將一個「頭面垢醜」的老翁認作仙人的原因。但在桓譚看來，如果人學仙的結果不是形貌的高貴和莊嚴，而是成蛇成牛、或者像「糞上拾食」的老翁一樣落魄，那麼，學仙就是缺乏正面意義的。第三，關於學仙的方法。桓譚提到的「抑嗜欲，閟耳目」是道教的閉關之法，這種方法是對先秦道家的守中之論和儒家「勿暴其氣」的引伸。但在桓譚看來，人生存的過程是形與神整體耗散的過程，再科學的養生之道也無法使人擺脫走向衰老的自然規律。這三點歸結起來，桓譚給人揭示的無非是人必死的現實性和自然規律的不可抗拒性。但同時，面對這種無可逃脫的自然規律，人爲什麼又總是對仙人抱有不切實際的幻想呢？桓譚認爲，這是人「忽於見事而貴於異聞」的心性使然，即所謂「無仙道，好奇者爲之。」〔註92〕

三、王充論神仙之虛妄

　　從兩漢思想的歷史沿革看，王充無疑是揚雄、桓譚追求經驗實證和事理深明的繼承者，他的許多觀點是對揚雄、桓譚思想的發展。比如，在思想的目的和方法上，他們都對虛妄不實之論抱持強烈反感，具有哲學的求實精神。像揚雄講「言必有驗」、桓譚講「合人心而得事理」、王充講「論則考之以心，傚之以事」。〔註93〕都凸顯了實證、經驗、合理、理性對於思想的重要性。其中，王充強調的「心」的合理主義和「事」的經驗主義，簡直就是桓譚「合人心」、「得事理」的翻版。王充在《論衡》中，曾談到他寫這本書的目的，

〔註91〕《新論・辨惑》。
〔註92〕《新論・辨惑》。
〔註93〕《論衡・對作篇》。

即：「《詩》三百，一言一蔽之，曰思無邪。《論衡》篇以十數，亦一言也，曰疾虛妄。」〔註94〕在此，哲學的求實精神應該說強調到了一個新的高度。另外，這種求實思想在漢代的前後傳承關係，也可以從王充對揚雄和桓譚的推崇中體現出來。如其所言：

> 近世劉子政（劉向）父子、揚子雲、桓君山，其猶文、武、周公並出一時也。

> 揚子雲作《太玄經》，造思高妙，極窅冥之深，非庶幾之才，不能成也。

> 王公子問於君山以揚子雲，君山對曰：「漢興以來，未有此人。」君山差才，可謂得高下之實矣。……又作《新論》，論世間事，辯照然否，虛妄之言，僞飾之辭，莫不證定。〔註95〕

> 觀文之是非，不顧作之所起。世間爲文者眾矣，是非不分，然否不定，桓君山論之，可謂得實矣。論文以察實，則君山漢之賢人也。〔註96〕

在王充的時代，除了儒家的圖讖，道術之士的長生成仙是當時人思想觀念中的另一大虛妄。所以像揚雄、桓譚一樣，他也將這種「虛象之言」作爲辨析和抨擊的對象。下面以《論衡·道虛篇》爲例，擇要論之：

在《道虛篇》中，王充對神仙道術的批判，主要圍繞三個在當時被廣爲傳信的事例展開，即黃帝騎龍升仙、淮南王得道、盧敖遊北海。首先，在他看來，黃帝升仙之所以是虛妄不實之言，主要是因爲在以下方面與事理不通：（一）按照一般的證法，黃帝這一稱謂是「安民之證，非得道之稱」。也就是說，黃帝是對治世安民的世間帝王的稱謂，「非仙之稱」。（二）按照漢人對龍的理解，「龍起風雨，因乘而行；雲散雨止，降復入淵。」這樣，黃帝騎龍不但不應昇天，反而入水才是正道。（三）按照《史記》的講法，「黃帝封禪已，仙雲。群臣朝其衣冠，因葬之。」〔註97〕在王充看來，黃帝升仙，不可能把衣服留下來裸體上升。同時，如果臣子知道黃帝並沒有死，卻築起衣冠冢，

〔註94〕《論衡·佚文篇》。
〔註95〕上三條均見《論衡·超奇篇》。
〔註96〕《論衡·定賢篇》。
〔註97〕《史記·封禪書》、《孝武本紀》均不見原文，此句應是王充對《史記》文意的化用。

這是忤逆不尊的行爲。（四）傳說中的聖王，皆爲「勞精苦思，憂念王事，然後功成事立，致治太平」。由於對天下事用心太深，所以形體必然乾瘦羸弱。如果說黃帝爲成仙而修道，必然荒廢政事，而且他也必然會因「心意調和」而「形體肥勁」。這樣，成仙之論就成了對黃帝勤勉治世、憂勞天下的否定。

再看淮南王。按照當時的傳言，淮南王得道後，「舉家昇天，畜產皆仙，犬吠於天上，雞鳴於雲中」。王充認爲，人是一種物性的存在，即便貴爲王侯，他的物性本質也無法改變。同時，世間萬物沒有哪一種能逃過死亡的宿命，單單說人可以成仙不死，是缺乏根據的。據此，王充從三個方面論述了淮南王升仙傳說的虛妄：（一）任何生物，如果要飛升，必有毛羽。人作爲一種大地上的存在物，「無毛羽」是其先天的規定。從「傚之以事」的角度看，人的「毛羽之效，難以觀實」。同時，如果說羽化登仙是眞實的，那麼爲道學仙之人首先應該讓人看到他「生數寸之毛羽」，或者至少飛上樓臺等較低建築物來展示他的神迹。但從實際情況看，連這種「小飛之兆」都難以看到，「大飛」成仙就更缺乏可信性。（二）與黃帝靠治天下之功成仙不同，淮南子的不死、飛升與服食丹藥有關。按照王充的看法，「天養物，能使物暢至秋，不得延之至壽。吞藥養性，能令人無病，不能壽之爲仙」。同時，即便服食可以使人產生「體輕氣強」的感覺，但也不足以使人生毛生羽，輕舉高飛。（三）按照漢代人的地理觀念，中國的地勢西北高、東南低，「天之門在西北」。這樣，尋求昇天的人應該從西北方的崑崙山開始攀登。但是，淮南王及其全家既沒有向西北遷移又沒有生出羽翼，所以「空言昇天，竟虛非實也」。更具有諷刺意味的是，淮南王劉安「招會術人，欲爲大事」，結果因謀逆之罪被漢武帝處死。本來修道是爲了長生，卻最終不能善終。所謂的「仙而昇天」就更無從談起了。

盧敖的事迹原見於《史記・秦始皇本紀》、《淮南子・應道訓》和司馬相如的《大人賦》。據後兩種文獻記載，他在北海遇到了一位大士——「雁頸而鳶肩」、能舉臂飛於雲中。在王充看來，只有有羽翼的生物才能乘雲駕霧，而這位大士靠「舉臂而縱身，躍入雲中」，缺乏可能性。同時，「凡能輕舉入雲中者，飲食與人殊故也」，而這位大士吃的是蛤蜊，即海蚌，和一般人沒什麼區別。據此王充認爲，盧敖爲求仙離家遠遊，一無所獲，必然怕成爲鄉人議論的笑柄，這是他不得不「作誇誕之語」的原因。同時，盧敖一人「獨行絕迹之地」，沒有任何人可以爲他的說辭提供旁證。這種旁證的缺乏，一方面爲

他「空造幽冥之語」帶來了便利，另一方面也正是因為旁證的缺乏而失去可信性。

　　以上，是王充對道術之士得道成仙之論的批判。除此之外，王充的批判還涉及得道者的異行異能。漢代道家，上承莊子在《逍遙遊》、《大宗師》中關於真人的議論，認為修道之人可以「入水不濡，入火不燋」，成金剛不壞之身。這種身體經得起任何外力侵害的堅固性，是其實現不朽的必要保證。關於這一問題，王充舉了一個漢代流傳的先秦史例來分析：

　　　（齊）王大怒不悅，將生烹文摯。太子與王后急爭之而不能得，
　　　果以鼎生烹文摯，爨之三日三夜，顏色不變。文摯曰：「誠欲殺我，
　　　則胡不覆之，以絕陰陽之氣。」王使覆之，文摯乃死。

　　這則故事原見於《呂氏春秋・仲冬紀・至忠》，本是為了說明為人臣者的忠義，即：「夫忠於治世易，忠於濁世難。文摯非不知活王之疾而身獲死也，為太子行難，以成其義也。」但卻被漢人作為人可以修成金剛之身的歷史證明。對此，王充認為，（一）世間任何有生命、有呼吸的存在物，「烹之輒爛」。如果文摯「爨之三日三夜，顏色不變」，除非他是金石。但金石又不會呼吸，所以堵住文摯的口鼻「以絕陰陽之氣」是沒有意義的。（二）王充用將人置於寒水之中就會「氣絕身死」作為反證，認為沒有湯火的烹煮，人尚且會淹死，在滾燙的湯鍋裏活下來，更是缺乏可能性。（三）文摯被放在鼎裏烹，必然是全身沈於湯中。呼吸尚且不可能，更不可能開口告訴齊王如何將自己處死。（四）按照王充的設想，文摯如果被烹三日三夜依然不死，齊王和他手下的大臣必然會將他放出來訊問原因，甚至「尊崇敬事，從之問道」。但齊王及其手下卻沒有表現出絲毫的驚奇，這於理不通。基於以上幾點，王充得出結論：「世見文摯為道人也，則為虛生不實之語矣。猶黃帝實死也，傳言昇天；淮南坐反，書言度世。世好傳虛，故文摯之語傳至於今。」〔註98〕

四、王充對成仙的否定及哲學後果

　　在王充的時代，不但昇天者、乘雲者、有金剛不壞之身者被視為仙人，而且世間因學道長壽者也一併被稱為仙人，即「長壽之人，學道為仙，逾百不死，共謂之仙矣」。比較言之，上文提到的黃帝、淮南王的成仙，是身體通過上昇與其他人在空間層面上拉開距離，「長壽之人」則是通過生命在時間中

〔註98〕凡本節引文未作注者，均見《論衡・道虛篇》。

的延長而使其特異性得到凸顯。由於後一種情況存在於日常習聞習見的人與事中，也與人求長生的世俗之欲最契合，所以這是漢人最渴望實現的目標。在《道虛篇》中，王充首先對一些人自設的騙局進行了戳穿。比如，漢武帝時的方士李少君，以祠竈、辟穀、卻老方獲得武帝信任。他說自己曾與一個 90 餘歲老翁的父親一起打過獵，並成功辨認出了春秋齊桓公時期的一件銅器。據此，人們認定，李少君起碼春秋時就在世，至今應有數百歲。對此，王充認爲，李少君充其量是性壽之人，而不是神仙，他在武帝時病死並留下屍體可作爲證明。

另外，當時也有人認爲，屍體的存在並不足以證明李少君沒有成仙。這是因爲，按照漢代道術之士炮製的尸解理論，人死後「精神離形」，他仍然可以以精神的方式更精粹地生；或者，他可以像金蟬脫殼一樣，脫去原來甲殼以另一種方式存在。對此，王充認爲，如果人單單以無軀體的精神存在，就與死無異，因爲說他死或生，都無法用具體可觀的形體證明。同時，如果說人成仙像金蟬脫殼，那麼人原來的形體就應與成仙的形體截然不同，但人死後，從他的屍體上卻看不到任何變化。至於李少君因辨認齊桓公時的銅器而被認定春秋時期就活著，在王充看來更是荒謬，因爲古物的辨認僅僅靠一定的歷史知識就可以做出準確的判斷。

關於人壽命的長短，桓譚曾講：「（人）雖同形名，而質性才幹乃各異度，有強弱堅脆之姿焉。」〔註99〕也就是說，體質狀況是人壽命長短的決定因素。王充說李少君充其量是「性壽之人」，也正是在強調這一點。據此，道術之士所發明的一系列卻老長生之術，如上節曾經提到的養精、辟穀、食氣、導引、藥物等，在王充看來，不但不能使人長生，有時甚至會起到適得其反的效果。比如，（一）關於養精愛氣。王充認爲，在自然界的各種生命中，論「恬淡少欲」，人不如鳥獸，但鳥獸並沒有因此長生。同時，自然界中也沒有什麼東西比草木更無情無欲，但草木並沒有因爲無欲而長壽，反而「春生秋死，壽不愈歲」。（二）關於辟穀。王充認爲，人天生具有飲食之性，口齒和食道就是爲了讓人吞咽食物——「順此性者爲得天正道，逆此性者爲違所稟受。失本氣於天，何能久壽？」他進一步講：「夫人之不食也，猶身之不衣也。衣以溫膚，食以充腹。腹溫腹飽，精神明盛。如饑而不飽，寒而不溫，則有凍餓之害矣。凍餓之人，安能久壽？」（三）關於食氣。王充認爲，氣可分爲陰陽之

〔註99〕《新論・祛蔽》。

氣和百藥之氣。不管哪一種，都不能使人飽腹。古代的彭祖曾經以氣爲食，但最終也「不能久壽，病而死矣」。（四）關於導引。道術之士認爲，身體動搖屈伸，可以活筋通絡，從而使人長壽。但在王充看來，人如草木，經常搖動只能對其造成傷害。同時，體內的血脈猶如江河，它本身就在運動，更多的身體運動只會給血脈的流動造成干擾。（五）關於服食藥物。王充認爲，服食藥物可以使人「輕身益氣」、「除百病」，但「若夫延年度世，世無其效」。也就是說，藥物的作用只是讓人的身體恢復到正常的、有生有死的狀態，如果想藉此長生成仙，則明顯是奢望。根據以上看法，王充對人生命的本然狀況進行了總結：

> 有血脉之類，無有不生，生無不死。以其生，故知其死矣。天地不生，故不死。死者，生之效；生者，死之驗也。夫有始者必有終，有終者必有始。唯無終始者，乃長生不死。人之生，其猶冰也。水凝而爲冰，氣積而爲人。冰極一冬而釋，人竟百歲而死。人可令不死，冰可令不釋乎？諸學仙術爲不死之方，其必不成，猶不能使冰終不釋也。〔註100〕

以上，我們用較長的篇幅分析了王充對漢代道術之士成仙觀念的批評。中國哲學在討論此一問題時，一般會將認知落實於價值、將知識落實於道德。從這個角度講，王充純粹知識論的考察不能不說是漢代哲學的一個另類。但同時必須看到，一種思想如果在知識論之後缺乏價值論的接引，它必然會因人道關懷的缺失而顯得殘酷冰冷。可以認爲，王充通過對道術的駁難提示給人的場景，就是被知識主宰的可信而不可愛的場景。〔註101〕當人關於自身未來的設想一概被否定，而又沒有現世價值作爲活下去的信念支撐，人就成了一個絕望的、沒有任何前途的存在物。退而言之，王充否定道家的神仙、不談儒家的社會責任，一任人體以物理性的方式消失也未必不可接受，因爲他畢竟陳述了一個事實。但更致命的是，他爲人類找不到光明的未來，卻最終將人交給了命運和鬼魅。從王充《論衡》看，這不可度測的命運，從人初生那一刻起就決定了人的壽夭福禍（「命謂初生稟得而生也」〔註102〕），並以不

〔註100〕《論衡・道虛篇》。

〔註101〕當然，限於當時社會的認識水平，王充許多駁難的可信性也是值得質疑的。許多情況下，他是從被批判對象的虛妄走入了新的謬誤。徐復觀先生在《兩漢思想史》中，曾闢專章談王充「疾虛妄」的效率問題，原因正在於此。

〔註102〕《論衡・初稟篇》。

可改變的骨相鑴刻在人的臉上。人惟一的選擇就是聽任它的擺佈。同時，按照他的看法，人死後不但不可能走升仙之路，反而要將自己交給鬼和妖。如其所言：

> 人死口喉腐敗，舌不復動，何能成言。然而枯骨時呻吟者，人骨自有能呻吟者，或以爲秋（妖）。〔註103〕

> 鬼者甲乙之神也。甲乙者天地之別氣也，其形象人。人病且死，甲乙之神至矣。〔註104〕

這是一個何等黑暗而可怕的場景。在人生的終途，我們寧願用虛幻但美好的假象欺騙自己，也不願遭遇這種赤裸裸的「科學」的真實。比較言之，自孔子及至漢代揚雄之類的正統儒家，雖然沒有許諾給人來世，但卻給人設計了一個有尊嚴和價值的生；道教方術之士提供的身體理想雖然是欺騙性的，但它畢竟緩解了人對死亡的焦慮，並以終極性的美撫慰了生的創痛。從這個角度講，王充以徹底的求實精神證偽一切，固然表現了一種思想的勇氣，但它也可能將哲學和美學最重要的人道精神葬送。〔註105〕

第四節　身體問題在漢末的敞開

一、漢代思想狀況及東漢末年的變化

莊子在論述戰國思想大勢時，曾感慨道：「百家往而不反，必不合矣！後世之學者，不幸不見天地之純、古人之大體。道術將爲天下裂。」〔註106〕先秦哲學的多元性，給後人帶來了選擇的困難。對於當時的思想者而言，則激起了兩種雄心：一是本體論層面的，即：試圖通過形而上的探本索源，克服思想界「歧學亡宗」的紛亂狀況。這種努力從《莊子・天下》篇可以看的清楚。二是價值論層面的，即：由功利主義的治世論生發出一種寬容精神，在兼容並包中實現多元思想的綜合統一。這種努力體現在《呂氏春秋》中，也是先秦思想界留給漢代的最重要遺產。

與先秦一樣，漢代思想者也從沒停止過追求思想一統的努力。比如董仲

〔註103〕《論衡・論死篇》。
〔註104〕《論衡・訂鬼篇》。
〔註105〕凡本節引文未作注者，均見《論衡・道虛篇》。
〔註106〕《莊子・天下》。

舒，一方面雜合陰陽重構儒學，另一方面，則向漢武帝進諫：「諸不在六藝之科孔子之術者，皆絕其道，勿使並進」。〔註107〕但是，這種借助政治力量強行建立的哲學一統，向來不可能取代思想的多元，因為思想的多元性是建立在人性的多元需要基礎上的。由此可以看到，在漢代，雖然道家思想從漢武帝時期失去意識形態的主導地位，但它在統治者的世俗生活和民間社會，依然擁有強大的影響力。正如徐復觀所言：「在四百年中，（道家思想）一直是一股巨流」。〔註108〕

　　道家的「私人化」和退居民間，使其哲學取向與先秦相比發生了本質性的改變。這種改變就是，由在野知識分子主導的純粹精神哲學，嬗變為對人的世俗之欲進行撫慰和滿足的工具；由對主流意識形態保持強力批判，轉向與民間趣味妥協。這種妥協的直接成果就是道家在漢代的方術化，並因此成為道教的理論基礎。同時，當道家由自由思想蛻變為一種為人做出種種承諾的方術，它的理論命運也就發生了徹底逆轉。比較言之，在先秦，它因為保持著現代知識分子式的思想獨立，所以在與其他學派，尤其是與儒家的論爭中，始終佔據著理論的強勢地位。但在漢代，它的方術化，不但使其從純粹思想的雲端下降到比儒家更世俗的狀態，而且也失去了對世界、人生做出正確判斷的理性。這種下降，使漢代正統儒家有足夠的理由對其表示不屑和蔑視。尤其是它在「技術化」過程中留下的大量理論和實踐漏洞，更為儒家提供了進行抨擊的把柄。可以認為，上文所言的揚雄、桓譚、王充，以及下面還要提到的荀悅等對道教神仙方術的批判，離不開這種理論轉換的背景。

　　但是，漢代思想，絕不能僅僅用儒道對立或互補的二元格局來判定。它的多元性尤其到東漢末年變得更明顯。比如，在儒家內部，雖然此前桓譚、張衡等對圖讖進行了抨擊，但讖緯神學依然是漢末儒學的重要組成部分，也是從帝王到俗儒普遍熱衷的東西。比較而言，道家或道教的情況更為複雜：（一）它的神仙思想在西漢和東漢中前期遭遇了正統儒家的批判，但這種批判並沒有減損它在普通民眾中的影響力。漢末《太平清領書》的出現、以太平道為號召的黃巾起義，就是其在民間擁有強大影響的證明。（二）在道家內部，東漢末年出現了對道教方術的懷疑，但這種懷疑不是對儒家的皈依，而是激發了及時行樂的思想。（三）遊仙依然是東漢末年道教實踐的重要內容，

〔註107〕董仲舒：《天人三策》，見《漢書‧董仲舒傳》。
〔註108〕徐復觀：《兩漢思想史》第二卷，華東師範大學出版社2001年版，第1頁。

但這種遊仙已漸漸不以求取長生之藥為惟一目的，而是藉以馳騁想像、體驗自然的神奇。具有從實用向審美發展的趨向。（四）以靈符為人治病是漢末道家的新取向，這明顯受了東漢儒家以圖讖預卜吉凶的影響。另外，尤其值得注意的是，佛教在東漢前期傳入中國，後漸漸形成影響。這種來自異域的宗教，為本已複雜的漢末思想注入了新的元素，並為漢代的生死之思提供了更具超越性的答案。下面，我們將按照邏輯與歷史結合的方式，對這一時期關於身體不朽問題的理論思考做一描述，並進而找出其邏輯的進路。

二、荀悅的理論進展

漢末儒家，代表性的思想者有荀悅、仲長統、崔寔、徐幹等。其中，明確反對道教神仙方術的是荀悅。他的《申鑒》採用了自《論語》至《法言》的對話體，其中多言及神仙和人的長壽問題。現摘錄如下：

> 或問神仙之術。曰：「誕哉，末之而已矣。聖人弗學，非惡生也，終始運也。運，數也。」曰：「亦有仙人乎？」曰：「僬僥桂莽，產乎異俗。就有仙人，亦殊類矣。」

> 或問：「有數百歲人乎？」曰：「力稱烏獲，捷言羌（豎）亥，勇謂賁、育，聖云仲尼，壽稱彭祖，物有俊傑，不可誣也。」或問：「凡壽者必有道，非習之功。」曰：「夫惟壽，則惟能用道。惟能用道，則性其性也，修之不至者。學必至聖，可以盡性；壽必用道，所以盡命。」

> 或曰：「人有變化而有仙者，信乎？」曰：「未之前聞也，然則異也，非仙也。男化為女者有矣，死人復生者有矣。夫豈人之性哉，氣數不存焉。」〔註109〕

在反神仙這一點上，荀悅與揚雄、桓譚的看法是一致的，都是將對人生死的認識限定在經驗主義和合理主義的範圍之內。超越這一範圍，即便有神仙存在，也被視為「非我族類」，沒有討論的意義。但是，從「就有神仙，亦殊類矣」這句話看，他反對的似乎不是天地之間有神仙，而是人可以成仙的觀念。也就是說，神仙作為一種超驗的東西，人憑經驗斷其有無是沒有意義的，惟一可以斷定的是人成仙不具可能性。這種通過經驗與超驗之間劃界來看待問題的方式，是揚雄、桓譚沒有涉及到的。

〔註109〕《申鑒・俗嫌》。

　　荀悅在人與神之間的區隔和分類，使他對長壽的看法也與前輩存在差異。比如，揚雄延襲了孔子「知者樂，仁者壽」的觀點。〔註110〕認爲動物的長壽是由於本性，人的長壽是因爲仁德，即「物以其性，人以其仁」。這種解釋符合儒家的正解，但是，長壽是一個生理問題，仁德是倫理問題，兩者的混淆必然會使這種解釋的可信度招致懷疑。所以，當有人問有仁德的顏回爲什麼短壽，而一些惡人爲什麼長壽時，揚雄的回答就顯得蒼白無力了。〔註111〕對於這一問題，荀悅首先對人的自然本性和倫理本性進行了功能性區分，認爲壽命的長短基於人的自然本性，即「壽必有道」，但「非習之功」。後天的修習可以使人在道德層面至聖，但卻不可能增長人的壽命。荀悅的這種區分，不但校正了傳統儒家將人的自然本性與社會本性混爲一談的理論誤區，而且否定了道術之士試圖通過修道服食延年益壽的可能。比較言之，荀悅的看法明顯是一種認識的進步，比揚雄更合理。

　　荀悅用經驗與超驗的區隔，既否定人成仙的可能性，又不否認神仙存在的可能性。這是一種固守經驗又不貿然否定超驗的觀點，比揚雄、桓譚、王充純粹信任事實的認識方式更具理性思辨力和說服力。同時，他對道家的養生養性、導引蓄氣、醫理藥物等，也不是全盤否定，而是認爲只要不非理性地誇大其作用，對人的身體就依然是有益的。如其所言：

　　　　或問：「養有性乎？」曰：「養性秉中和，守之以生而已。愛親
　　　　愛德愛力愛神之謂嗇，否則不宜，過則不澹。故君子節宣其氣，勿
　　　　使有所壅閉滯底，昏亂百度則生疾。故喜怒哀樂思慮必得其中，所
　　　　以養神也；寒暄盈虛消息必得其中，所以養神也。善治氣者，由禹
　　　　之治水也。若夫導引蓄氣，歷藏內視，過則失中，可以治疾，皆養
　　　　性之非聖術也。夫屈者以乎申也，蓄者以乎虛也，內者以乎外也。
　　　　氣宜宣而遏之，體宜調而矯之，神宜平而抑之，必有失和者矣。夫
　　　　善養性者無常術，得其和而已矣。鄰臍二寸之謂關。關者，所以關
　　　　藏呼吸之氣，以稟授四氣也。故長氣者以關息；氣短者，其息稍升，
　　　　其脈稍促，其神稍越，至於以肩息而氣舒。其神稍專，至於以關息
　　　　而氣衍矣。故道者，常致氣於關，是謂要術。……藥者，療也，所

〔註110〕《論語‧雍也》。
〔註111〕如《法言‧君子卷》云：「或問：『壽可益乎？』曰：『德。』曰：『回、牛之
　　　　行德矣，曷壽之不益也？』曰：『德，故爾。如回之殘，牛之賊也，焉德爾？』
　　　　曰：『殘賊或壽。』曰：『彼妄也，君子不妄。』」

以治疾也。無疾，則勿藥可也。肉不勝食氣，況於藥乎？寒斯熱，熱則致滯，陰藥之用也。唯適其宜則不爲害。若已氣平也，則必有傷。唯針火亦如之。故養性者，不多服也，唯在乎節之而已矣。」
〔註112〕

　　從這段話可以看出，荀悅既反對道術之士對導引、藥物等功能的無限誇大，也不贊成王充將其健身、治疾的正面功能也一併否定。在哲學上，他持過猶不及的中庸論；在醫理上，他持身心、陰陽平衡的觀點。對於導引蓄氣，他嚴格將其功能限定在避免生病的範圍之內；對於藥物的使用，他講「無疾，則勿藥可也」。這種持中之論，跨越了漢代正統儒家與道術之士的天然對立，走出了儒道之術相輔相成的第三條道路。在漢代迷信與反迷信尖銳對立的背景下，這種理性的態度是深具價值的。同時，由於有對人的自然本性和道德本性進行區隔的理論前提，他對儒家「仁者壽」這一命題的內在機制也做出了合理的解釋。認爲「仁者內不傷性，外不傷物，上不違天，下不違地，形神以和」，必然不會因與外部世界的衝突而無端損耗自己的生命。在他看來，顏回、冉有之所以不長壽，不在於仁德，而是像「麥不終夏，花不濟春」一樣，與其身體的內在機理有關。這種對壽命長短的生理──心理學解釋，建立在對人的身體和生命內在本質的深刻洞察之上──既不像正統儒家純粹道德化解釋的迂腐，也避免了道術之士單憑想像的虛妄。他的這種持中之論，與同時代的仲長統具有一致性。如仲氏云：「和神氣，懲思慮，避風濕，適嗜欲，此壽考之方也。不幸而有疾，則針石湯藥之所去也。」〔註113〕

　　從荀悅、仲長統，以及崔寔、徐幹等一批儒家的思想特色看，東漢末年，確實崛起了一批心智健康的理性主義者。這批思想者的崛起，既與讖緯神學失去對思想的鉗制有關，也是因爲新的時勢驅迫他們撕開漢代哲學在天地人神之間建立的大而無當的勾連，直接面對現實。比如，漢代自武帝以來，就靠將本不關聯的哲學概念進行人工對接的方式，建立起統合天人、貫通生死的龐大哲學系統。但到了漢末，這種虛假的統合和貫通被荀悅關於人物殊類、物性區隔的理論攔腰斬斷了。這不能不說是理論的重大貢獻。又如其論盛行於漢代的黃白之術云：

　　　　或問黃白之僞。曰：「傅毅論之當也。燔埴爲瓦則可，爍瓦爲銅

〔註112〕《申鑒・俗嫌》。
〔註113〕《昌言》中。

則不可。以自然驗於不然，詭哉。敝犬羊之肉以造馬牛，不幾矣。……
在上者不受虛言，不聽浮術，不採華名，不興偽事，言必有用，術
必有典，名必有實，事必有功。」〔註114〕

引文中的傅毅，是東漢明帝和章帝時人，曾與漢明帝討論過佛的問題，
有《舞賦》留世，但其關於煉金術的言論今已不傳。荀悅所引「燔埴爲瓦則
可，爍瓦爲銅則不可」以及「自然」之論，是強調事物各有其不可跨越的規
定性，並以此爲基礎對其定位。這種觀點，不僅論證了漢代起於李少君的黃
白之術的不可能，更重要的是，由煉金入藥使人長生不老的謊言也被以理論
的方式戳穿。同時，如前所言，他既追求經驗的實證性，又不否定經驗世界
之外的無限可能性。但反而言之，由於超驗的東西越出了人的認識範圍，談
論它沒有任何意義，所以最好的選擇就是將其懸置。這種既保持理性的邊界
又不「逢神仙道術必反」的理論姿態，確實有點現代邏輯實證主義的味道。

三、長生理想的破產

以荀悅「名必有實，事必有功」的標準去檢驗，漢代流行的神仙方術明
顯缺乏理論的合法性，因爲它關於人成仙或不死的許諾總是面臨兌現的困
難。但是，人對死亡的永恒恐懼，卻爲這種謊言的存在提供了堅固的心理基
礎。在漢代，漢武帝對神仙的迷戀最具代表性。一篇《史記·孝武本紀》，記
載的就是漢武帝借神仙方術與死亡的抗爭史。他一生重用過四個方士，即李
少君、少翁、欒大、公孫卿，其他進獻神藥神方者數以萬計。在這些方士中，
李少君因病而死；少翁求神不至，就僞造方書塞在牛腹中以爲神驗，結果被
武帝識破殺掉；欒大被派遣到蓬萊尋仙，但不敢出海，只是到泰山走了一遭，
回來就謊稱在海上見到了仙師，又被武帝識破殺掉。最後一個公孫卿也沒有
任何成仙得道的成果。整篇《孝武本紀》最常見的詞句就是求仙「無其效」、
「未有驗者」、「無驗者」、「終無驗者」、「莫驗」，但爲了尋到不死之藥，漢武
帝往往「莫驗，而益遣，冀遇之」。最後，他開始厭倦方士的妄語——「益怠
厭方士之怪迂語矣」，但仍然「羈縻弗絕，冀遇其眞。」〔註115〕

〔註114〕《申鑒·俗嫌》。
〔註115〕漢武帝是有漢一代最偉大的帝王，但《史記·孝武本紀》對他的記載卻大多止
於神仙方術，這是耐人尋味的。劉歆《西京雜記》記云：「太史公序事如古春
秋法，……作景帝本紀，極言其短，及武帝之過，帝怒而削去之。後坐舉李陵，
陵降匈奴，下遷蠶室。有怨言，下獄死。宣帝以其官爲令，行太史公文書事而

　　武帝的求仙史，應是漢人試圖借神仙方術與死亡抗爭的強化象徵。但是，這種「屢戰屢敗」的挫折感，終會讓其中的一部分人清醒。從漢代史料看，武帝之後，遠涉東海到蓬萊尋仙的活動已少有記載，而代之以導引、服食和藥物。這種轉向，是從捨身外求向當下實踐的回歸。比較言之，導引、服食、藥物不但能醫治疾患，而且能給人帶來身體的快適，這比到遠方尋仙更具可信度和可行性。但是，就道教方士的企圖心而言，他們的目標絕不僅止於強身健體，而是要以此為手段，服務於長生不死的信仰。在漢末，道教將靈符引入它的神學化的「藥典」，就表明了它試圖借藥物將人間與仙界、治病與成仙打通的努力。

　　從漢末的情況看，對醫學的藉重確實使道教在民間的影響得到加強，並由個人的身體理想問題向政治領域蔓延。如《後漢書》記漢末道士張角云：

> 鉅鹿張角自稱大賢良師，奉事黃老道，畜養弟子，跪拜首過，符水咒說以療病，病者頗愈，百姓信嚮之。角因遣弟子八人使於四方，以善道教化天下，轉相誑惑。十餘年間，眾徒數十萬，連結郡國，自青、徐、幽、冀、荊、楊、兗、豫八州之人，莫不畢應。遂置三十六萬。〔註116〕

　　這段話中的張角，之所以能在民間聚集三十餘萬人，明顯是借醫術為他的黃老道建立了信仰的根基。或者說，是民眾在身體層面對這種道術的信任進一步蔓延成了一種政治上的信任。在中國歷史上，道教作為一種民間宗教組織，它大多是先以對民眾的身體關懷（醫病）建立群眾基礎，以建立太平世界的政治願景相鼓動。然後以符咒許諾給人一個「入火不熱，入水不濡」

已。不復用其子孫。」《後漢書·蔡邕列傳》錄司徒王允語云：「昔武帝不殺司馬遷，使作謗書，流於後世。」從這兩則史料可以看出如下問題：（1）關於《史記》的公正性。漢朝人已意識到了司馬遷對武帝的記述有誹謗成份。（2）關於漢武帝與司馬遷的關係，即：是司馬遷因李陵之禍而借史報復漢武帝，還是漢武帝因司馬遷言己之過而借李陵事件加害司馬遷，或者說兩人是否將私怨分別帶入了各自可以行使權力的領域，這是值得考慮的。（3）李陵事件影響到了漢代官制的變化，史官由「公」降為「令」。比如，司馬遷及其父司馬談時期，「（太史公）位在丞相下。天下大計，先上太史公，副上丞相」。到宣帝時期則「以其官為令，行太史公文書事而已。」（4）這一事件也對司馬遷的後人造成影響。按《西京雜記》：「司馬氏本古周史佚後」，世以治史為業，但自司馬遷之後，「不復用其子孫」。這反映了當時統治者對司馬遷後人可能以史傳報復劉氏王朝的戒備。（引文未注者均見《西京雜記》卷六）

〔註116〕《後漢書》卷七十一《皇甫嵩傳》，又見《資治通鑒》卷第五十八。

的金剛不壞之身，讓信徒大膽地投入戰鬥。這種民間動員方式，自張角至清末的義和團，形成了中國身體政治的獨特景觀。

但是，張角的失敗卻證明了道教許諾的理想國的破產，大批起義者的被鎮壓，則使道教的不死神話以極端的方式被戳穿。另外，張角本人未及戰爭結束就患病而死，更使「符水咒說」的欺騙性在他自己身上得到了驗證。與此一致，在漢末，政治的動蕩，瘟疫的流行，戰爭的殘酷，都意味著人不可能把握自己的命運，所謂服食成仙也只能被視爲妄言。關於這種對人生命本相的洞察，《古詩十九首》有詩云：

驅車上東門，遙望郭北墓。白楊何蕭蕭，松柏夾廣路。下有陳死人，杳杳即長暮。潛寐黃泉下，千載永不寤。浩浩陰陽移，年命如朝露。人生忽如寄，壽無金石固。萬歲更相送，賢聖莫能度。服食求神仙，多爲藥所誤。不如飲美酒，被服紈與素。〔註117〕

人，本來滿懷長生的理想，最後剩下的卻是蕭蕭白楊、青青松柏之間的一冢墳塋；他試圖通過藥物服食忝身仙人之列，或至少延長性命，最終卻反而被藥物過早奪去了生命。確實，當人深刻體認到自身的必死性，一切塵世的經營便極易被四處彌漫的虛無擊得粉碎。面對這種情形，可能人生最明智的選擇就是抓住現在，盡情享受人生的快樂。「不如飲美酒，被服紈與素」，這句詩正說明道教的長生許諾破局之後，人往往會用及時行樂對生之幻滅做出變本加厲的補償。這種追求補償的心態，爲魏晉時期中國美學的享樂主義潮流提供了心理基礎。

四、佛教的出現

在漢末，儒家以更具說服力的理論證明了人長生或成仙的不可能，道教信仰則在盲信和清醒的交錯中，將人的不朽之思推向了更加絕望的境地。從這種情況看，漢末的道家和道教不但沒有隨漢王朝的終結而最終解決死亡問題，而且留下的是一個從理論到實踐都全面陷入危機的殘局。在這種背景下，人們必然需要一種更高明的思想系統緩解死亡帶來的巨大壓力，使走投無路的求生之欲獲得精神的安居。從這個角度講，佛教的興起，不僅對後世中國思想的發展是一大事因緣，而且在當時也是理論的必然。

佛教的東傳起於漢明帝永平三年（公元 60 年）。據《後漢書·西域傳》：

〔註117〕《古詩十九首》之十三。

這一年，「明帝夢見金人，長大，頂有光明，以問群臣。或曰：『西方有神，名曰佛，其形長丈六尺而黃金色。』帝於是遣使天竺，問佛道法，遂於中國圖畫形象焉。」另據南朝慧皎的《高僧傳》：漢明帝向天竺派遣的使者為郎中令蔡愔和博士弟子秦景。他們在天竺國遇見了佛僧攝摩騰，「騰誓志弘通，不憚疲苦，冒涉流沙，至乎洛邑。明帝甚加賞接，於城西門外立精舍以處之，漢地有沙門之始也。」〔註 118〕在當時的統治階層中，最早信奉佛教的是光武帝的兒子楚王劉英。據《後漢書》載：「英少時好游俠，交通賓客，晚節更喜黃老，學為浮屠齋戒祭祀。」〔註 119〕「楚王英始信其術，中國因此頗有奉其道者。」〔註 120〕

東漢時期，在中國弘法的僧人，除攝摩騰外，還有天竺人竺法蘭，安息國太子安清（字世高），月支人支婁迦讖，天竺人竺佛朔等。這些人做的主要工作是譯經。其中，攝摩騰、竺法蘭俱為明帝時來到中國，兩人合譯有中國最早的佛經《四十二章經》；安世高漢桓帝時東來，撰譯佛經三十九部，其中以《安般守意經》最為著名。另外，一些西域商人和漢人（如孟福、張蓮、支曜、康巨、康孟詳等）也加入了譯經者的行列。

關於佛教在漢地的早期傳播狀況，我們可以從以下四點做出判斷：（一）佛教的場所與人物：洛陽白馬寺在明帝時建成。這些印度和西域僧人與當時的統治者有廣泛交往，並在中國廣泛遊歷（如安世高）。一些漢人參與了佛教經典的翻譯工作，後多成為佛教的信徒。（二）在當時的統治階層內部，除楚王劉英之外，後來的漢桓帝也有信佛的經歷，並逐漸在民間產生影響。如《後漢書》記云：「桓帝好神，數祀浮圖、老子。百姓稍有奉者，後遂轉盛。」〔註 121〕（三）佛教的一些專有名詞進入了東漢經學家的著述。比如，許慎在《說文解字》中，對一些佛教名詞進行了解釋。如其中釋「僧」云：「僧，浮屠道人也。從人，曾聲。」〔註 122〕釋「塔」云：「西域浮屠也。從土，荅聲。」〔註 123〕（四）東漢末年，出現了漢人專論佛法的著作《牟子理惑論》。從以上情況可以看出，雖然佛教在東漢時期仍處於初傳階段，但

〔註 118〕《高僧傳》卷第一《譯經上》。
〔註 119〕《後漢書》卷四十二《楚王英傳》。
〔註 120〕《後漢書·西域傳》。
〔註 121〕《後漢書·西域傳》。
〔註 122〕《說文解字》第八。
〔註 123〕《說文解字》第十三。

它已經成爲當時社會廣泛注意的現象，並對中國人的精神生活形成了影響。

從歷史文獻看，東漢人理解的佛教最初是與道教方術混爲一談的。如楚王劉英，他既「學爲浮屠齋戒祭祀」，又「大交通方士，作金龜玉鶴，刻文字爲符瑞」。漢明帝下詔表揚劉英也是將「誦黃老之微言，尚浮屠之仁祠」並用。這明顯是將道與佛進行了混淆。後來的漢桓帝，將浮屠老子並祭，也屬類似情況。另外，包括爲佛教辯護的牟子，也是以道解佛或佛道互解，沒有釐清兩者的關係。如他在《理惑論》中自述其學術志趣云：「銳志於佛道，兼研《老子》五千文，含玄妙爲酒漿。」〔註124〕這種佛道雜陳的狀況，不能不讓人懷疑當時的佛教，到底僅僅是以一種與道教相類的神仙方術被接受，還是眞正爲漢人走出精神的困境開闢了新路？比較言之，我們更願意肯定後者。下面嘗試論之：

從《理惑論》看，雖然牟子以老子解佛，但他對神仙方術極爲反感。在接觸佛教之前，他「雖讀神仙不死之書，抑而不信，以爲虛誕」。漢靈帝駕崩後，他避亂交趾。這時，「北方異人，咸來在焉，多爲神仙辟穀長生之術，時人多有學者。牟子常以《五經》難之，道家術士，莫敢對焉。」〔註125〕皈依佛教後，雖然他仍研習「《老子》五千文」，但對道教神仙的批判卻同樣強烈。如其所云：

問曰：「王喬，赤松、入仙之籙，神書百七十卷，長生之事，與佛經豈同乎？」牟子曰：「比其類猶五霸之與五帝，陽貨之於仲尼……道有九十六種，至於尊大，莫尚佛道也。神仙之書，聽之則洋洋盈耳，求其效猶握風而捕影。是以大道之所不取，無爲之所不貴，焉得同哉！」

聖人制七典之文，無止糧之術。老子著五千之文，無辟穀之事。……世人不達其事，見六禽閉氣不息，秋冬不食，欲效而爲之。不知物類各自有性，猶磁石取鐵，不能移毫毛也。

吾未解大道之時，亦嘗學（辟穀）焉。辟穀之法數千百術，行之無效，爲之無徵，故廢之耳。觀吾所從學師三人，或自稱七百、五百、三百歲，然吾從其學，未三載間，各自殞沒。所以然者，蓋由絕穀不食而啖百果。享肉則重盤，飲酒則傾樽，精亂神昏，穀氣

〔註124〕《牟子理惑論》，見〔梁〕僧祐：《弘明集》卷一。
〔註125〕《牟子理惑論》，見〔梁〕僧祐：《弘明集》卷一。

不充，耳目昏迷，淫邪不禁……且堯舜周孔，各不能百載，而末世愚惑，欲服食辟穀，求無窮之壽，哀哉！

　　問曰：「道家云，堯舜周孔七十二弟子皆不死而仙。佛家云：人皆當死，莫能免，何哉？」牟子曰：「此妖妄之言，非聖人所語也。《老子》曰：『天地尚不得長久，而況人乎？』……吾覽六藝，觀傳記，堯有殂落，舜有蒼梧之山，禹有會稽之陵，伯夷、叔齊有首陽之墓，文王不及誅紂而沒，武王不能待成王大而崩……吾以經傳為證，世人為驗。而云不死者，豈不惑哉！」〔註126〕

　　在《理惑論》中，牟子多次以老子論證佛教的合理性，並以老子的話證明神仙道術的荒謬。這意味著漢代神仙方術雖然以老子為號召，但它在實踐中已背離了道家哲學的本意。也就是說，真正的道家不但不能為神仙方術提供理論支撐，而且與佛教一起形成了對這種方技的左右夾擊。那麼，當時的佛教在人的生死問題上，如何借助老子完成了對神仙方術的超越呢？

　　首先，漢代東傳的佛教屬於佛教中的小乘。小乘禪法「要求人通過靜慮排除來自欲望和外部情緒的干擾，將精神和思慮集中於被規定的觀察對象，在凝神觀照中漸漸遁入空無之境，讓心靈向祛除一切思慮、一切拘滯的境界敞開，最終達到灰身滅智、與無邊際的空合一的狀態。」〔註127〕這種空境即是如來之境，與老子的「滌除玄覽」，莊子的「心齋」、「坐忘」具有類似性質。比如，在修習方法上，兩者都是在心靈上做功夫：前者淨心，後者靜心；在修習目的上，都是將世俗之欲作為清除的對象：前者無為，後者無欲。

　　與這種老莊道家和佛教的去欲相反，漢代道教方術卻是以對人最具本能的世俗之欲——長生不死——的極度張揚為號召。也就是說，與佛教相比，道教是一種欲望最大化的宗教，這種特點鑄就了它的世俗性。比較言之，老莊對生死採取的是順其自然的態度，甚至「以生為附贅懸疣，以死為決疣潰癰」；佛教則以對人求生欲望的否定為先導，將死視為大解脫。從這種情況看，牟子以佛教和老子的結合共同反對道教方術，是有道理的。同時，在身體問題上，道家將身體的死亡視為自然現象，也與漢末佛教信徒的認識大體一致。比如，漢明帝時期由攝摩騰譯出的佛經《四十二章經》將身體視為「革囊眾

〔註126〕《牟子理惑論》，見〔梁〕僧祐：《弘明集》卷一。
〔註127〕劉成紀：《青山道場——莊禪與中國詩學精神》，東方出版社 2005 年版，第161 頁。

穢」，〔註128〕《後漢書》引佛語稱之爲「革囊盛血」，明顯對漢代術士最珍視的東西進行了堅決的否定。

其次，佛教以死爲解脫，不僅從理論上解除了人恐懼死亡的合理性，而且肯定了死亡的正面價値。這對解開漢代圍繞長生之欲形成的心理死結是有意義的。如《四十二章經》云：「使人愚蔽者，愛與欲也。」「汝等沙門，當捨愛欲。愛欲垢盡，道可見矣。」當然，人是一個欲望的動物，要其捨棄欲望，尤其是長生之欲，就等於要剝奪其最珍視的東西。所以在《四十二章經》所列舉的「人有二十難」中，就有所謂的「棄命必死難」。但是，正因爲在生死問題上繫有人性的最大死結，所以佛教解開它比道教進一步拴緊它要顯得明智。可以認爲，漢末道教與佛教的最大區別，就是將這個死結進一步拴緊還是解開的區別。這種解開，被佛教稱爲破執或覺解。如《四十二章經》云：

> 佛問沙門：「人命在幾間？」對曰：「數日間。」佛言：「子未知道。」復問一沙門：「人命在幾間？」對曰：「飯食間。」佛言：「子未知道。」復問一沙門：「人命在幾間？」對曰：「呼吸間。」佛言：「善哉！子知道矣。」

在此，《章經》以呼吸爲喻，揭示了生命刹那生滅、無常空幻的本性。瞭解了生命的這種本性，對死亡的憂懼必然會隨之破解。慧能《壇經》曾用「不昧因果」說明以智慧洞穿生死的意義，這和《章經》以知生死破解生死的方式是一樣的。比較言之，漢代道術之士及其追隨者，明顯缺少這種站在生死之外看生死的智慧，而是像繭中蠶一樣，將思維限定在由生與死構建的框架之內。也就是說，佛教站在世界之外看世界，站在生死之外看生死，這種超越性的姿態，有助於將人引領到一個更高的境界，從而使道教關於身體不朽的實踐變得毫無意義。

第三．佛教批判道教的不死成仙，並不意味著它崇尚無神論。相反，它是讓人在擺脫生死糾纏的瞬間，將人超度到彼岸。關於這一問題，牟子《理惑論》云：「佛道言人死當復生……魂神固不滅矣，但身自朽爛耳。身譬如五穀之根葉，魂神如五穀之種實；根葉生必當死，種實豈有終亡，得道滅身耳。」〔註129〕這段話看似對漢代自《淮南子》以來道家形神論的重複，但它卻表達了一種與黃老道家和道教截然不同的死亡觀。牟子這裡講形神，是建立在「爲

〔註128〕原檔缺漏，請補足。

〔註129〕《牟子理惑論》，見〔梁〕僧祐：《弘明集》卷一。

道亦死，不爲道亦死」基礎上的，它和道家術士用羽化、尸解迴避人的必死性有本質不同。也就是說，前者是講人經過六道輪迴、到另一個與塵世截然兩離的世界中去生；後者則是生命在當下世界的有效延長。比如關於道教的成仙，《釋名》云：「老而不死曰仙。仙，遷也，遷入山也。」〔註130〕這裡，不管是用「長生」還是用「老而不死」解釋仙，都意味著它是生的延續，是用生的無限延長使死變得對人無意義，而不是捨身入於彼岸。所謂的「遷」，不管是遷入山還是遷入其它地方，都是同一類生存處所的挪移，而不是此岸與彼岸間的本質性改變。在此，修現世與修來世、許諾當下的不死與死後的更生，代表了道教與佛教的本質不同。

五、佛教的彼岸與死亡問題的終結

道教和佛教不同的死亡觀，鮮明地影響到雙方的在世態度。道教以滿足人不死的塵世之欲爲終極目的，這種宗教的欲望屬性使它不可能以對功名利祿和享樂的放棄作爲成仙的前提。在漢代的求仙者中，很少看到有人以棄現世來修來世。相反，由於佛教將此生與來世對立起來，並將存在的一切意義都歸於來世，這樣，對現世欲望的放棄就成了來世生於佛國的前提。《四十二章經》云：「視王侯之位，如過隙塵。視金玉之寶，如瓦礫。視紈素之服，如敝帛。視大千界，如一訶子。視阿耨池水，如塗足油。」正是講彼岸的永恒價值使塵世的享樂成了羈絆。這明顯與道教「亦酒亦仙」的觀念相區別。進而言之，當財貨，甚至父母妻子等一切屬於私人性的東西都可以捨棄時，這種棄欲的宗教也就變成了一種絕對利他主義的宗教，因爲棄欲的過程，必然是對他人施予的過程。這種施予就是行善，就是發慈悲。而發慈悲就是積功德，積功德則必在來世獲得報償。

牟子云：「有道雖死，神歸福堂；爲惡既死，神當其殃。」〔註131〕談的正是佛教的因果報應問題。這種報應的善的側面，所導出的必然是人的自由本質在彼岸的理想實現。牟子所謂的「神歸福堂」，就是人復生於佛國，即西方極樂世界。在佛教看來，這是人的第二次誕生，不但就此可以噉享大圓滿大幸福，而且可以獲得超越一切局限、法力無邊的身體。關於漢人心目中的「法身」，從漢明帝夢中出現的「丈六尺」的金人已可體味到與道教的不同。

〔註130〕《釋名‧釋長幼》。
〔註131〕《牟子理惑論》，見〔梁〕僧祐：《弘明集》卷一。

另外，牟子在《理惑論》中也有如下的描繪：

> 佛乃道德之元祖，神明之宗緒。佛之言覺也，恍惚變化，分身
> 散體，或存或亡，能小能大，能圓能方，能老能少，能隱能彰，蹈
> 火不燒，履刃不傷，在污不染，在禍無殃，欲行則飛，坐則揚光，
> 故號爲佛也。〔註132〕

這種描繪雖然有點近似於莊子和漢代道術之士筆下的真人，但牟子畢竟在佛教初傳中土時期，將現世的仙身轉化成了來世的法身。比較言之，道教講不死，意味著人身體的存在依然是一種在世存在，它在形貌、神力諸方面仍受到塵世的諸多局限。而佛教在一個與塵世截然二分的超越世界設計人的再生，就徹底擺脫了這種局限性，將身體的自由引向絕對。這種絕對自由的「法身」被牟子描述爲「恍惚變化，分身散體」，「欲行則飛，坐則揚光」，已與道教必須借助「羽化」才能飛升的身體想像拉開了距離。到後來，更是以「一毛孔中，萬億蓮花；一彈指傾，百千浩劫」的神奇變化，將道教必須借助雲霧（「騰雲駕霧」）才能實現的有限自由甩在了後面。同時，道教的成仙，其理論根基在於道家的「道法自然」，所謂的成仙就是人向自然的生成。所以它設計的仙人形象，大多是偏於醜陋而怪異的人的自然形象，如「堯眉八彩，舜重瞳子」等等。與此相比，佛教由於將人的自然生成進一步提升到了彼岸生成的層面，它也就充分克服了人的自然性，而純粹面對人的神性或佛性。由此形成的人的體相，就是以光表現的人的莊嚴的法相。從漢明帝夢中看到的「頂有光明」的金人，我們不難看出漢代佛、道在身體想像上的差異，也不難理解這種彼岸的宗教如何在更具超越性的層面建構了它的身體理想。

以上，我們分析了東漢後期儒、道、佛圍繞死亡問題對身體的不同思考，從這種分析不難發現其理論沿革的邏輯線索。其中，儒家，不管在經驗層面如何對道教的神仙方術提出責難，並不能迴避一個事實，即按照它的理論視野，無法解決人對死亡的終極關切。可以認爲，只要人畏懼死亡，道教關於人不死的設想和實踐就有它的內在動因和接受市場。但反而言之，由於道教對人不死的承諾面臨的一個直接問題就是當下必須兌現，這樣，它的承諾就既具誘惑，又潛藏著無法克服的被解構的危機。漢代儒家之所以能將道教方術批得體無完膚，正是因爲它經不起現實經驗的檢驗。在這種背景下，如果人既渴望解決死亡問題，又希望關於死亡的設想不被證僞，他就必須打破在

〔註132〕《牟子理惑論》，見〔梁〕僧祐：《弘明集》卷一。

此岸的單極世界中思考生死問題的局限性，而將思想推及到人的經驗無法企及的超驗領域。在漢末，佛教正是這樣做的。它既不像儒家拒絕思考死亡，又不像道家試圖將此岸的生命在時間上無限拉長，而是另外設計了一個與現世隔離的理想空間。這一空間，因超越經驗而讓儒家的「校之以事」的經驗性思維無法置喙，也讓道教緣木求魚式的辛勞歸於無效。至此，漢代關於死亡問題的探索，就因向另外一個不可證偽的世界——佛國或西方極樂世界——的敞開，而在邏輯上走向了它的終結。

第五章　兩漢身體觀對魏晉美學的開啓

在《論〈世說新語〉和晉人的美》一文中，宗白華先生將魏晉美學和藝術精神的產生歸因於當時的社會政治狀況。如其所言：

> 漢末魏晉六朝是中國政治上最混亂、社會上最苦痛的時代，然而卻是精神史上極自由、極解放、極富於智慧、最濃於熱情的一個時代，因此也就是最富有藝術精神的一個時代。王羲之父子的字，顧愷之和陸探微的畫，戴逵和戴顒的雕塑，嵇康的廣陵散（琴曲），曹植、阮籍、陶潛、謝靈運、鮑照、謝朓的詩，酈道元、楊衒之的寫景文，雲崗、龍門壯偉的造像，洛陽和南朝的閎偉的寺院，無不是光芒萬丈，前無古人，奠定了後代文學藝術的根基與趨向。〔註1〕

宗白華的這篇文章，原發於 1940 年重慶出版的《星期評論》，但對 20 世紀 80 年代以來的中國美學史研究，尤其是魏晉美學研究而言，卻產生了重要影響。這一時期的美學史成果，凡涉及魏晉美學者，大多有對這段話的徵引。由此，魏晉時期政治的混亂、士人的苦痛和精神抗爭等社會性原因，也就成了當代學者理解魏晉美學和藝術精神的起點。至於這一時代的美學藝術風潮與前朝的歷史關聯，則往往成為被忽略的問題。

確實，漢末魏晉時期社會政治的黑暗、混亂以及士人面臨的生存險境，大量見於前人的史傳和史論中。這為從社會學角度介入魏晉美學研究提供了無可置疑的背景。如王夫之《讀通鑑論》云：

> 漢之將亡也，天子之廢立，操於宮闈，外戚宦寺，迭相爭勝。

〔註1〕 宗白華：《藝境》，北京大學出版社 1987 年版，第 126 頁。

孫程廢而梁氏興，梁冀誅而單超起，漢安得有天子哉！〔註2〕

　宦寺之禍，彌延於東漢，至於靈帝而蔑以加矣。黨人力抗之而死，竇武欲誅之而死，陽球力擊之而死，後孰敢以身蹈水火而姑爲嘗試者！〔註3〕

　當斯時（三國）也，漢之大臣，死亡已殆盡矣；天子徒步而奔，而威已殫矣；從官採梠餓死，而士大夫之氣已奪矣。〔註4〕

　至於晉惠帝之時，有天子而無之，人欲爲天子而不相下，群不知有天子，而若可以無天子者。於斯時也，順逆無常理，成敗無定勢，強臣林立，怙愚以逞。逆者逆，順者亦逆也；敗者敗，成者亦敗也。欲因之以事孤危之天子而不能，即欲挾之以爲天子，而亦必不得。生人殺人而皆操天子之權。夫然後納身於狂蕩凶狡之中，寄命於轉盼不保之地，果矣其爲大惑，而自貽以死亡也。〔註5〕

　　一方面士人「納身於狂蕩凶狡之中，寄命於轉盼不保之地」，另一方面，這一時期卻又成爲精神史上極自由、極解放、最富有藝術精神的時代。這種現實與美之間的巨大張力，確實是中國歷史上的一道奇觀。但同時必須看到，在中國美學史中，朝代的更替、社會的變化固然可以使美學的思想主題和風格爲之一變，但它的基本理論命題和範疇卻往往仍然是對前代的延續。也就是說，美學史並不總是「另起爐竈」的歷史，否則時代精神的巨大差異將構成對歷史有序沿革的徹底否定。在這種背景下，探討魏晉美學和藝術精神形成的歷史成因，就成了判明美學史是斷裂還是有機發展的重要證明。〔註6〕

〔註2〕　王夫之：《讀通鑒論》卷八《靈帝》。
〔註3〕　王夫之：《讀通鑒論》卷八《靈帝》。
〔註4〕　王夫之：《讀通鑒論》卷九《獻帝》。
〔註5〕　王夫之：《讀通鑒論》卷十二《惠帝》。
〔註6〕　在《論〈世說新語〉和晉人的美》中，宗白華之所以開篇即講那一時代的混亂和苦痛，明顯包含著身處抗戰時期的家國身世之慨，並有以魏晉士人自勵、用美的創造對抗時局艱困的深意在。從這種特點可以看出，此文對魏晉的關注，是以歷史爲鏡來映顯知識者當下的生存處境和人生選擇。它關注的是歷史爲當代而在的價值，而非歷史本身。在宗文中，魏晉美學的歷史發生問題之所以不被述及，應有這方面的原因。而20世紀80年代的中國美學史家之所以特別重視這一文本，則明顯是將新時期美學執著的啓蒙和批判精神、人的自由解放等問題置入歷史。這種研究，其目的不在於歷史的眞實性，而在於歷史的「適己性」。

關於兩漢與魏晉哲學、美學之間的歷史關聯，任繼愈先生曾在《中國哲學發展史》中講：「秦漢哲學基本上講的是關於宇宙構成的認識之學。魏晉玄學則爲本體論。由宇宙論發展到本體論的過程，也正是秦漢哲學到魏晉玄學所經歷的過程，它是符合人類認識的邏輯發展的。治哲學者每喜先秦哲學之創新及魏晉玄學之空靈，或不甚喜秦漢哲學之滯重。事實上由先秦到魏晉必經歷秦漢哲學這個階段。不經蝶蛹之蠕蠕，何來蝶舞之蹁躚？此不可不察。」〔註7〕這種「蝶蛹」與「蝶舞」的關係，明顯是講魏晉唯美的空靈來自前朝漫長的歷史積澱和精神孕育。對於這種源流關係，龔鵬程在《兩漢思潮》中講的更具體。如其所言：「魏晉一段，在我國文化史上，乃是變而未變之局。它的社會結構、世族門第，好像與兩漢大帝國迥然不同，但卻是從兩漢中期豪族士大夫逐漸發展成的；它的意識形態，通脫自然，好像跟兩漢名教全然相反，但卻禮法森嚴，以名教爲尊卑永固之大本；它所活躍的人物，名士風流，彷彿與經生儒士臭味難投，卻根本是自東漢以來所固有之物；它的思想學術，玄談清話，又似乎與兩漢經術涇渭分流、有儒道之異，事實上卻禮學昌明、儒風仍熾；至於文學，恐怕也是如此，看起來有點變的姿態，但基本上只能說是兩漢的發展。」〔註8〕

本章所論「兩漢身體觀對魏晉美學的開啓」，正是從這種歷史有機延續的觀念出發，爲魏晉美學研究置入一個縱向的維度。

第一節　漢代察舉制與人物品藻（一）

一、視覺政治

察舉制是漢代的選官制度。所謂「察」，即對士人的觀察與考察；所謂「舉」即舉薦士人到朝廷做官。對於這一制度，黃留珠在《秦漢仕進制度》中解釋道：「何謂『察舉』？用通俗的話講，就是考察後予以舉薦的意思。它實際是由古之鄉舉里選演變而來的薦舉制在漢代的新發展。」〔註9〕也就是說，在野的士人和下層官吏，他們在實際生活和工作中表現出的才能、品行、政績以及由此獲得的聲望，成爲入仕或晉升的必備條件。關於這一制度的特

〔註7〕 任繼愈：《中國哲學發展史‧秦漢卷》，人民出版社 1985 年版，第 4 頁。
〔註8〕 龔鵬程：《漢代思潮》，商務印書館 2005 年版，第 28 頁。
〔註9〕 黃留珠：《秦漢仕進制度》，西北大學出版社 1998 年版，第 81 頁。

點，閻步克曾通過與隋唐以後科舉制的比較指出：「察舉制是一種推薦制度，主要由地方州郡長官承擔推薦之責，按科目要求定期地或即時地向王朝貢上合乎相應標準的士人。定期的察舉如秀才、尤異、孝廉、廉吏等科，在成立之初皆不考試，舉至中央後即授予相應官職；不定期的如賢良方正等科，舉後須經對策方能授官，但這種對策有『應詔陳政』、『求言於吏民』之意，與科舉制的那種對士人才藝的程式化檢驗考試，尚有很大差異。」〔註10〕

從史籍看，漢代察舉取士應發端於劉邦執政的晚期。公元前 196 年（高祖12年）冬，劉邦曾下《求賢詔》云：

> 蓋聞王者莫高於周文，伯者莫高於齊桓，皆待賢人而成名。今天下賢者智能，豈特古之人乎？患在人主不交故也，士奚由進！今吾以天下之靈、賢士大夫定有天下，以為一家，欲其長久，世世奉宗廟亡絕也。賢人已與我共平之矣，而不與吾共安利之，可乎？賢士大夫有肯從我遊者，吾能尊顯之。布告天下，使明知朕意。御史大夫昌下相國，相國酇侯下諸侯王，御史中執法下郡守，其有意稱明德者，必身勸，為之駕，遣詣相國府，署行、義、年。有而弗言，覺，免。年老癃病，勿遣。〔註11〕

到漢文帝時期，察舉制度初具雛形。《史記》、《漢書》曾記文帝兩次頒求賢詔云：

> （文帝二年）十一月晦，日有食之。十二月望，日又食。上曰：「……天下治亂，在朕一人，唯二三執政猶吾股肱也。朕不能理育群生，上以累三光之明，其不德大矣。令至，其悉思朕之過失，及知見思之所不及，匄以告朕。及舉賢良方正能直言極諫者，以匡朕之不逮。」〔註12〕

> 惟十有五年九月壬子，皇帝曰：「昔者大禹求賢士，施及方外，四極之內，舟車所至，人跡所及，靡不聞命，以輔其不逮。今朕獲執天子之正，以承宗廟之祀，朕既不得，又不敏，明弗能燭，而智不能治，此大夫之所著聞也。故詔有司、諸侯王、三公、九卿及主郡吏，各帥其志，以選賢良明於國家之大體，通於人事之終始，及

〔註10〕閻步克：《察舉制度變遷史稿》，遼寧大學出版社 1997 年版，第 2 頁。
〔註11〕《漢書·高帝紀》。
〔註12〕《史記·孝文本紀》。

能直言極諫者，各有人數，將以匡朕之不逮。」〔註13〕

漢代察舉制度，至武帝時期最後確立。成爲漢帝國布衣之士、下層官吏主要的進仕之道。關於這一制度給當時政權帶來的人材濟濟的盛況，班固《漢書》云：「武帝初即位，徵天下舉方正賢良文學材力之士，待以不次之位。四方士多上書言得失，自衒鬻者以千數。」〔註14〕「漢興六十餘載，海內艾安，府庫充實，而四夷未賓，制度多闕。上方欲用文武，求之如弗及，始以蒲輪迎枚生，見主父而歎息。群士慕向，異人並出。卜式拔於芻牧，弘羊擢於賈豎……漢之得人，於茲爲盛，儒雅則公孫弘，董仲舒、兒寬，篤行則石建、石慶，質直則汲黯、卜式，推賢則韓安國、鄭當時，定令則趙禹、張湯……是以興造功業，制度遺文，後世莫及。」〔註15〕

研究察舉制不是本書的目的，但這一制度卻爲理解漢代人才選拔中的身體因素以及魏晉人物品藻風潮的形成提供了背景。從中國古代察舉和科舉兩種制度的比較可以看出，雖然兩者都強調人的內在素質，但科舉制卻最大程度地省缺了被選拔者「可觀可察」的視覺維度，甄選過程是以試卷的絕對在場和身體的相對缺席爲前提的。〔註16〕而察舉這一制度，被舉薦者的鄉里表現、所在郡縣的考察和朝廷的策試，其內在的稟賦和才德，都必須以身體的方式訴諸感性直觀。這樣，內在素質的身體性表現對被選者而言就變得異乎尋常地重要了。正如閻步克所言：「察舉制的取人標準，相對說來更爲注重人的整體素質，把士人籠統地視爲一個完整的人格，而不像科舉制，把某一項具體的才能作爲錄用標準。」〔註17〕這裡的「整體素質」，必然包含在視覺上給人帶來好感、敬畏感等一些表現人格魅力的東西。

事實也是如此。如上文所引劉邦的求賢詔，它所規定的賢人標準就是所謂的「行、義、年」。這裡的行即品行，義即儀表，年即年齡。其中，「行」

〔註13〕見《漢書》卷四十九《晁錯傳》。
〔註14〕《漢書·東方朔傳》。
〔註15〕《漢書》卷五十八《傳贊》。
〔註16〕從史籍看，科舉制爲保證選才公正而讓應試者身體缺席的努力，有一個逐步完善的過程。如王夫之《讀通鑑論·三國》云：「唐之舉進士也，不以一日之詩賦，而以名望之吹噓，雖改九品中正之制，猶其遺意焉。宋以後，糊名易書，以求之於聲寂影絕之內，而此意殆絕。」所謂的「糊名易書」之舉，其意無非在於徹底斬斷應試者與策評者之間的關聯，使應試者「聲寂影絕」，無由現身。
〔註17〕閻步克：《察舉制度變遷史稿》，遼寧大學出版社1997年版，第2頁。

固然立足於人的內在品質，但它也必然要外化為身體性的行動；至於儀表和年齡，則直接是對人身體外觀的判斷。又按《史記‧儒林列傳》，其中講到武帝時博士弟子的選擇：「太常擇民年十八已上，儀狀端正者，補博士弟子。」這種對年齡和儀表的要求，也意味著身體問題是漢代察舉制度的重要問題。

關於漢代哲學的感性特質，前文已多有論及。這種感性，也同樣體現在漢代察舉制的擇人標準上。如西漢時期曾有所謂的「四科取士」——「一曰德行高妙，志節清白；二曰學通行修，經中博士；三曰明達法令，足以決疑，能按章覆問，文中御史；四曰剛毅多略，遭事不惑，明足以決，才任三輔令；皆有孝悌廉公之行。」〔註18〕其中的德行高妙、志節清白、剛毅多略等，均是描述、品鑒性的。而這種描述和品鑒，所傳達給人的不僅是內在的才學，而且是外顯的感性形象。東漢光武帝劉秀繼承了這種四科取士制度，並下詔云：「自今以後，審四科辟召。及刺史二千石察茂才、尤異、孝廉之吏，務盡實核，選擇英俊、賢行、廉潔、平端於縣邑，務授試以職。」〔註19〕這裡的英俊、賢行、廉潔、平端是對人才的概念性分類，但這些概念卻帶有鮮明的形容詞性。它指向的是內在的德才「形之於容」的側面。也就是說，德才的身體性表現，或者說通過言語、行為實現的感性直觀，既體現了整個漢代對人與自然認識的感性特質，也意味著建立在觀察、考察基礎上的取士制度具有鮮明的身體性。在此，如果沒有人的身體及身體對道德踐履的直觀性，所謂的察舉將因失去感性對象而無法完成。

察舉制是一種視覺政治。如果以知與行的關係來判斷它與後世科舉制度的區別，可以看到，察舉在知行關係上凸顯了行的主導性，或者說，身體性行為作為內在之知的實現，是對知之特性和價值的最直接的檢驗。後世的科舉制則重視知對行的決定作用，其選才的理念在於相信人「有其知必有其行」。兩相比較可以看出，這兩種方式既各具優長又都存在著致命的問題。比如，選才制度對人身體性行為的重視，使漢代能臣雲集，英雄輩出，具有非凡的行動力，但文臣武將也因行為的失矩而使這一時代充滿殺戮和血腥。同時，由於人的行為對其政治命運具有異乎尋常的重要性，這就使人有充分的理由自我掩飾以實現個人利益的最大化。在漢代，王莽深諳這種視覺政治，所以它以體貌的恭謹成功包裹了禍心。另如東漢桓帝時，有一個著名的孝子

〔註18〕應劭：《漢官儀》，見《續漢書‧百官志》注引。
〔註19〕應劭：《漢官儀》，見《續漢書‧百官志》注引。

叫趙宣，在墓道里爲父母服孝 20 餘年，但期間卻生了五個孩子。「寢宿冢藏，而孕育其中」，〔註20〕這種由行爲的僞飾導致的對道德的乖離，至此爲極。與此相比，後世的科舉制，由於士人不直接現身就可以博取功名，內在的品性不需過多的實踐印證，所以道德的高尚往往無法遮掩行動力的欠缺，對人心性深度的探究也無法彌補解決現實問題的無能。所以在科舉制充分成熟的宋明時期，政治領域不缺乏忠臣，但缺乏能臣；思想領域不缺乏心性之學，而缺乏經世致用之學。

二、以貌取人

如上所言，漢代察舉制度的成立，建立在對人身體性表現的價值判斷。這種表現分爲兩個方面：一是「儀」，即人靜態的外觀，二是「行」，即動態化的道德（孝行）和行政（廉能）實踐能力。比較而言，對於王朝政治、倫理規範的有效實行，孝行和廉能當然比人的儀表更重要。但在漢代，由於受先秦以來觀相術的影響，人們相信，一個人的外表往往是對其內在稟賦、道德品質、行爲能力的有力暗示，即所謂「有諸內，必形於外」。〔註21〕這樣，原本充滿主觀性的「以貌取人」，就成了具有充分合理性和客觀性的對人內在本質的判斷。這種判斷可稱爲本質直觀。

從寬泛意義上講，相術應包括三個方面：一是觀命，二是觀心，三是觀能。觀命是通過形貌觀察人的貴賤和祿命，相信「異人必有異相」。觀心是通過容貌觀察人的心性和心理狀況，如《管子》云：「心有所思，則其容寂；有所敬，則其容貌儼然矣。懷千金之璧而行於道者，其視聽應接，必有所遺。」〔註22〕觀能則是通過氣質、體態、言行對其社會政治才能做出預見。這三點，有的是先天的、自然的，有的是後天的、社會的，但就對人做出判斷而言，卻又必須是綜合的，體現出「以貌取人」的總體特性。

在漢代，觀相術最早的案例見於《史記·高祖本紀》，如其記劉邦早年經歷云：

> 單父人呂公善沛令，避仇從之客，因家沛焉。沛中豪傑吏聞令有重客，皆往賀。蕭何爲主吏，主進，令諸大夫曰：「進不滿千錢，坐之堂下。」高祖爲亭長，素易諸吏，乃紿爲謁曰「賀錢萬」，實不

〔註20〕《後漢書》卷六十六《陳蕃傳》。
〔註21〕《說苑·雜言》。
〔註22〕《管子·內業》。

持一錢。謁入，呂公大驚，起，迎之門。呂公者，好相人，見高祖狀貌，因重敬之，引入坐。

　　酒闌，呂公因目固留高祖。高祖竟酒，後。呂公曰：「臣少好相人，相人多矣，無如季相，願季自愛。臣有息女，願爲季箕帚妾。」〔註23〕

　　宋人陸九淵曾言：「事之至難，莫如知人。」呂公與一個名聲不好的鄉間小吏喝了一次酒，就將女兒許配給對方，未免過於輕率，但劉邦後來的功業卻證明了呂公判斷的正確性。這裡，如果我們相信史遷所記不是虛言，那麼，對人進行考察就不需要漫長的過程，知人也可以變得簡易輕鬆。

　　關於這種相人或知人的簡易和迅捷，西漢劉向曾云：

　　眉睫之微，接而形於色；聲音之風，感而動乎心。寧戚擊牛角而商歌，桓公聞而舉之；鮑龍跪石而登嶧，孔子爲之下車；堯、舜相見不違桑陰，文王舉太公不以日久。故賢聖之接也，不待久而親；能者之相見也，不待試而知也……故見虎之尾，而知其大於狸也；見象之牙，而知其大於牛也。一節見則百節知矣。由此觀之，以所

〔註23〕西漢涉及相術而見於史籍者，另有陳平、周亞夫、鄧通、衛青、黃次公、倪寬、王政君等七人。(1)《史記·陳丞相世家》云：「户牖富人有張負……謂其子仲曰：『吾欲以女孫予陳平。』張仲曰：『平貧不事事，一縣中盡笑其所爲，獨奈何予女乎？』負曰：『人固有好美如陳平而長貧賤者乎？』卒與女。」(2)《絳侯周勃世家》云：「條侯亞夫自未侯爲河內守，許負相之，曰：『君後三歲而侯。侯八歲爲將相，持國秉，貴重矣，於人臣無兩。其後九歲而君餓死。』……許負指其口曰：『有從理入口，此餓死法也。』」(3)《史記·佞倖列傳》云：「孝文時中寵臣，士人則鄧通，宦者則趙同、北宮伯子。……上使善相者相通，曰：『當貧餓死。』」(4)《史記·衛將軍驃騎列傳》云：「青（衛青）爲侯家人，少時歸其父，其父使牧羊。先母之子皆奴畜之，不以爲兄弟數。青嘗從入至甘泉居室，有一鉗徒相青曰：『貴人也，官至封侯。』青笑曰：『人奴之生，得毋笞罵即足矣，安得封侯事乎！』」(5)《論衡·骨相篇》云：「丞相黃次公，故爲陽夏遊徼，與善相者同車俱行，見一婦人年十七八，相者指之曰：『此婦人當大富貴，爲封侯者夫人。』次公止車，審視之，相者曰：『今此婦人不富貴，卜書不用也。』」(6)《論衡·骨相篇》云：「韓太傅（韓嬰）爲諸生時，借相工五十錢，與之俱入璧雍之中，相璧雍弟子誰當貴者。相工指倪寬（兒寬）曰：『彼生當貴，秩至三公。』韓生謝遣相工，通刺倪寬，結膠膝之交，盡筋力之敬，徙舍從寬，深自附納之。」(7)《漢書·元后傳》載：「初，李親任政君在身，夢月入其懷。及壯大，婉順得婦人道。嘗許嫁未行，所許者死。後東平王聘政君爲姬，未入，王薨。禁獨怪之，使卜數者相政君，『當大貴，不可言。』」

見可以占未發，睹小節固足以知大體矣。〔註24〕

從這段話可以看出，相人術所謂的的本質直觀，一是依託於形神骨相對其內在稟性的傳遞，二是通過其待人接物的蛛絲馬迹可以知其爲人處世的大體。其中的第一點雖然有神秘的味道，但外貌對人內在稟性和氣質的彰顯功能卻從古至今得到人們普遍的承認。第二點則是強調生活中的細枝末節對人性和才能的折射作用。如果將這兩點有機結合起來就可以看到，能夠對人做出準確判斷的觀相，既是觀體象，又是觀具體行動見出的事象。前者是宿命的，後者是人爲的；前者是靜態的，後者是動態的。兩者的互參互證，使人天賦的命相有了現實的支撐，而這種支撐又反過來對命相的形式預示做出了現實的證明。這樣，不但對人誤判的可能性會大大降低，同時也不會妨礙做出判斷的即時性和便捷性。

雖然相術有諸多被納入察舉取士的理由，但從史籍涉及到的文獻看，西漢時期卻極少見到與此相關的案例。其中，劉向曾講「眉睫之征，接而形於色」，但他的察士之法與單純「以貌取人」的相術仍然存在距離。如其所言：「故士之接也，非必與之臨財分貨，乃知其廉也；非必與之犯難涉危，乃知其勇也。舉事決斷，是以知其勇也；取與有讓，是以知其廉也。」〔註25〕這種「窺豹一斑」的觀人法，注意的不僅僅是人生理性的體徵，而是更多涉及了道德生活的內容。

西漢時期，相術之所以沒有充分成爲察舉取士的依據，原因可能有以下兩個方面：首先，當時的統治者雖然以命相論證自己權力「授之於天」的合法性，但他們卻未必希望臣民都能得到這種超驗性的「陰陽消息」。據《漢書·魏相丙吉傳》：「後元二年，武帝疾，往來長楊、五柞宮，望氣者言長安獄中有天子氣，於是上遣使者分條中都官詔獄繫者，亡輕重一切皆殺之。」這明顯是要在君與臣之間劃出分界。也就是說，作爲君的「天子」可以仰仗天意，並在體徵上留下痕迹；而臣子的晉升之道則要更多依靠自強不息的人力。其次，就兩漢的思想特性而言，西漢儒學「推陰陽以爲儒者宗」，在哲學層面，它更多關注的是天人感應以及由陰陽災異之變昭示的國家命運，而不是人的個體命運。自《淮南子》至董仲舒，雖然都談到天與人性徵和體徵的相符，但這只是在描述人的普遍化的類特性，而不是人的個體特徵。顯然，這種哲

〔註24〕《說苑·尊賢》。
〔註25〕《說苑·尊賢》。

學關注的是天相，而非人相；或者退一步說，是從「陰陽消息」中透示整個
國家的命相，而非個體的命相。這與一般相術對個體命運的關切相比，具有
抽象與具體、宏觀與微觀的差異。

但是，自西漢末年始，哲學領域發生了一場重要的變化，即從今文經學
轉向古文經學。這種變化一方面使對經典的闡釋由宏觀轉向微觀，由抽象轉
向具體，另一方面也使學術越來越趨於私人化、個體化。同時，經過西漢末
年的王莽篡權、赤眉之亂，士人對個體命運和人格操守日益重視，並成為東
漢時期的基本思想格調。關於兩漢之際知識分子的思想轉向，《後漢書·黨錮
列傳》云：

> 至王莽專僞，終於篡國，忠義之流，恥見纓紳。遂乃榮華丘壑，
> 甘足枯槁。雖中興在運，漢德重開，而保身懷方，彌相慕襲，去就
> 之節，重於時矣。

這種轉向的一個直接結果，就是士人由西漢時期熱衷於爲整個國家看相
（陰陽災異），轉向爲個體觀相（福祿壽喜），即：由自我缺席式地關注國運
轉向首先讓自我在場。從現有史料看，西漢時期的相人之術，似乎其流行範
圍一直保持在民間「私家之學」的層面，未眞正進入士人的話語場。如上文
提及的呂公，以及爲陳平、周亞夫看相的張負和許負，都是未登大雅之堂的。
與此對應，董仲舒、眭弘、夏侯始昌、夏侯勝、京房、翼奉、李尋這些觀國
家「王治之象」的人，則獲得了有類國師的身份。〔註 26〕但在東漢，情況
有重大的改變，像王充、王符都專論到骨相問題，並給予理論肯定。這種變
化，一方面說明東漢士人更關注個體的福祿命運，有個體意識覺醒的意味
在，〔註 27〕另一方面，則意味著相術這種民間方術開始在士人階層有了接
受市場，甚至成爲一種有類官學性質的東西。

從種種迹象可以看出，相術在東漢中期以後已成爲察舉取士的重要內
容。舉薦者往往憑一面的直觀印象，對被選者的才具做出決斷。如《後漢書》
記胡廣云：

> 廣少孤貧，親執家苦。長大，隨輩入郡爲散史。太守法雄之子
> 眞，從家來省其父。眞頗知人。會歲終應舉，雄敕眞助其求才。雄

〔註 26〕 參見《漢書·眭兩夏侯京翼李傳》。
〔註 27〕 近世治魏晉哲學和美學者，往往會將這一時代稱爲人的覺醒的時代。如果我
　　　　 們將兩漢和魏晉作爲一個整體來看，這種覺醒顯然在西漢末年已經萌芽，並
　　　　 在東漢以後逐漸彌漫。

因大會諸吏，眞自於牖間密占察之，乃指廣以白雄，遂察孝廉。既
到京師，試以章奏，安帝以廣爲天下第一。旬拜尚書郎，五遷尚書
僕射。〔註28〕

再如《後漢書》記種暠云：

（種）始爲縣門下史。時河南尹田歆外甥王諶，名知人。歆謂
之曰：「今當舉六孝廉，多得貴戚書命，不宜相違，欲自用一名士以
報國家，爾助我求之。」明日，諶送客於大陽郭，遙見暠，異之。
還白歆曰：「爲尹得孝廉矣，近洛陽門下史也。」歆笑曰：「當得山
澤隱滯，乃洛陽吏邪？」諶曰：「山澤不必有異士，異士不必在山澤。」
歆即召暠於庭，辯詰職事。暠辭對有序，歆甚知之，召署主簿，遂
舉孝廉，辟太尉府，舉高第。〔註29〕

這兩個察舉取士的案例，一個是「於牖間密占察之」，一個是送客半途中
的偶然相遇，「以貌取人」是毋庸置疑的。值得注意的是，在東漢，這種察人
的相術並不被視爲迷信，因爲人們相信，「岐嶷形於自然，倪天必有異表」。
也就是說，以相斷人，具有身體自然論的依據。同時，對某人的直觀印象雖
然重要，它也必須有內在品質作爲參證。如東漢順帝時，漢廷君臣曾對於選
立皇后的方式展開過討論，此可作爲瞭解當時選士方式的參照。如《後漢書‧
胡廣傳》記云：

順帝欲立皇后，而貴人有寵者四人，莫知所建，議欲探籌，以
神定選。廣與尚書郭虔、史敞上疏諫曰：「竊見詔書以立后事大，謙
不自專，欲假之辭行策，決疑神靈。篇籍所記，祖宗典故，未嘗有
也。恃神任筮，既不必當賢；就值其人，猶非德選。岐嶷形於自然，
倪天必有異表。宜參良家，簡求有德，德同以年，年鈞以貌，稽之
典經，斷之聖慮。……」帝從之，以梁貴人良家子，定立爲皇后。
〔註30〕

按照當時人的認識，探之籌策，決疑神靈是迷信，而「以貌取人」則具
有科學性。因爲按照秦漢時期的身體理論，人的貌是「道與之貌」，人的形是
「天與之形」，人的德則必然外顯爲身體的光輝，這樣，形貌體徵就成爲天地

〔註28〕 《後漢書》卷四十四《胡廣傳》。
〔註29〕 《後漢書》卷五十六《種暠傳》。
〔註30〕 《後漢書》卷四十四《胡廣傳》。

之道與個人之德的反映。據此，胡廣、郭虔、史敞提出的「德同於年，年鈞以貌」的選后標準，在總體上就體現爲一種身體性的標準。同時值得注意的是，胡廣等在這裡提出的「德」、「年」、「貌」，與西漢初年劉邦在《求賢詔》中言及的「行」、「儀」、「年」是一致的。也就是說，胡廣、郭虔、史敞提出的選后標準，其實也就是東漢察舉取士的基本標準。

東漢中期以後，宦官、外戚的專權日益嚴重，士人則以集團化的形式與這種宮廷政治對抗。在這種具有民間色彩的士人集團內部，所謂的察舉不再是一般的「鄉舉里選」問題，而是被一些掌握話語權的人操縱。這些人一般是士人集團裏公認的領袖，不但道德高尚，而且鑒識能力超人，關於某人所下的斷語往往能在其後來的政治生涯中得到應驗。這樣，察舉取士就不再依託士人所在州郡的選拔，而是基於權威人士關於某人的政治命運所下的斷語。在東漢桓、靈、獻帝時期，出現了一大批以「識人」名噪天下的人物，如李膺、符融、田盛、郭泰、許劭等。這些人有類於職業的察舉家，他們「獎拔士人，皆如所驗」，並因此壟斷了士人的晉身之路。而漢代察舉制原先由「鄉舉里選」所體現的「海選式」的民主，至此也就成了一種被少數人把持的「代議制」的民主。

那麼，這些職業化的察舉家如何識人？從歷史文獻看，通過體貌行止實現對其本質的洞見，是其識人的主要手段。如《後漢書》本傳記郭泰（字林宗）察舉案例云：

> 茅容字季偉，陳留人也。年四十餘，耕於野，時與等輩避雨樹下，眾皆夷踞相對，容獨危坐愈恭。林宗行見之而奇其異……因勸令學，卒以成德。

> 孟敏字叔達，鉅鹿楊氏人也。客居太原。荷甑墜地，不顧而去。林宗見而問其意。對曰：「甑以破矣，視之何益？」林宗以此異之，因勸令游學。十年知名，三公俱辟，並不屈云。

> 庾乘字世遊，潁川鄢陵人也。少給事縣廷爲門士。林宗見而拔之，勸游學官，遂爲諸生傭。

> 史叔賓者，陳留人也。少有盛名。林宗見而告人曰：「牆高基下，雖得必失。」後果以論議阿枉敗名云。

> 黃允字子艾，濟陰人也。以才俊知名。林宗見而謂曰：「卿有絕人之才，足成偉器。然恐守道不篤，將失之矣。」

　　　　王柔字叔優，弟澤，字季道，林宗同郡晉陽縣人也。兄弟總角
　　共候林宗，以訪才行所宜。林宗曰：「叔優當以仕進顯，季道當以經
　　術通，然違方改務，亦不能至也。」後果如所言，柔爲護匈奴中郎
　　將，澤爲代郡太守。〔註31〕

　　以上六則郭林宗的識人案例，前五則分別用了「見之而奇其異」、「見而
問其意」、「見而拔之」、「見而告人曰」、「見而謂曰」等字句。這裡的「見」，
意味著郭林宗的識人，是以對被識者行止體貌的觀察爲前提的；每句在「見」
後均用到一個「而」字，這說明他的識人並非經過漫長的考察，而是根據其
言行體徵得出的即時性判斷。最後關於王氏兄弟的一則，是說郭林宗在他們
十一二歲（「總角」）時就看出了將來必成大器。這種對人未來的預測，則明
顯是建立在對其形神骨相的判斷之上。從這六則案例看，雖不能說郭林宗的
察人之法純然是以貌取人，但由察顏觀色、察行觀止等身體性的認識來實現
本質直觀則是必然的。

　　《後漢書》載，郭林宗先後識人六十，其中，「識張孝仲芻牧之中，知范
特祖郵置之役，召公子、許偉康並出屠酤，司馬子威拔自卒伍。」〔註32〕所
識之人皆「先言後驗」，「並以成名」，這在漢代察舉取士的歷史上不能不說是
一個奇迹。范曄在《後漢書》本傳中講：「莊周有言，人情險於山川，以其動
靜可識，而沈阻難徵。故深厚之性，詭於情貌；『則哲』之鑒，惟帝爲難。而
林宗雅俗無所失，將其明性特有主乎？」〔註33〕對於郭林宗識人的秘訣，范
曄在這裡沒有明確的回答，並認爲將其歸於傳統的相術是嚴重不妥的。〔註34〕
但是，如果我們在一種更寬泛的意義上理解相術，即：將人的內外、表裏、
行色作爲一個互動的整體，傳統相術的「以貌取人」在這裡並沒有減損它的
意義。〔註35〕

〔註31〕　《後漢書》卷六十八《郭林宗傳》。
〔註32〕　《後漢書》卷六十八《郭林宗傳》。
〔註33〕　《後漢書》卷六十八《郭林宗傳》。
〔註34〕　《後漢書》本傳評郭林宗云：「其獎拔士人，皆如所鑒。後之好事，或附益增
　　　　　張，故多華辭不經，又類卜相之書。」從這段話看，以卜相理解郭林宗的識
　　　　　人之能，范曄並不認同，但也從反面說明這種理解在當時是有市場的。
〔註35〕　關於郭林宗的識人，葛洪在《抱朴子外篇・清鑒》中亦記云：「郭泰中才，猶
　　　　　能知人，故入潁川則友李元禮，到陳留則結符偉明⋯⋯奇孟敏於擔負，戒元
　　　　　艾之必敗。終如其言，一無差錯。必能簡精鈍於符表，詳舒急乎聲氣，料明
　　　　　暗於舉厝，察清濁於財色，觀取與於宜適，謂虛實於言行，考操業於閭閻，

三、「天根」與「形容」

　　有漢一代，「以貌取人」中最難後爲後人認同的，是其試圖根據人的體徵實現對其未來命運的預見。但這種命定論式的預見，卻在漢代典籍中留下了大量的實例。如上節正文及注解中提到的呂公相劉邦、張負相陳平、許負相周亞夫、「善相者」相鄧通、鉗徒相衛青、黃次公娶巫家女、韓嬰定交兒寬、「卜數者」相王政君等等，皆屬此類。〔註 36〕但也正如上文所言，相術在西漢時期與其說是官方察舉取士的手段，毋寧說是一種存在於民間、徒爲世俗生活增添趣味的左道旁門。這一點，從呂公、張負、許負、鉗徒等人的社會身份就可以看的非常清楚。那麼，這一「左道旁門」後來如何逐漸成爲人物鑒識、甚至察舉取士的重要手段呢？下面嘗試論之：

　　一般而言，正統儒家對命相問題是持理性主義態度的。這從孔子的「不語怪力亂神」、罕言「性與天道」就可以看出端倪。戰國末期，荀子在其《非相篇》中明確地講：

> 相人，古之人無有也，學者不道也。古者有姑布子卿，今之世梁有唐舉，相人之形狀顏色，而知其吉凶妖祥，世俗稱之。古之人無有也，學者不道也。故相形不如論心，論心不如擇術；形不勝心，心不勝術；術正而心順之，則形相雖惡而心術善，無害爲君子也。形相雖善而心術惡，無害爲小人也。君子之謂吉，小人之謂凶。故長短小大，善惡形相，非吉凶也。古之人無有也，學者不道也。

　　荀子講相術「古之人無有」是不確的，這一點本書第一章已有論及。所謂「學者不道」，並非是說學者沒有談到過相術，而是講嚴肅的思想者不屑於談及這一問題。在漢代初期，賈誼繼承了荀子這種理智清明的思想，並依照「論心不如擇術」的方向有新的發展。如他所言：「人之情不異，面目狀貌同類，貴賤之別，非天根著於形容也。所持以別貴賤明尊卑者，等級、勢力、衣服、號令也。」〔註 37〕這種看法，否定了人的形體具有標明其貴賤尊卑的

〔註36〕北朝劉晝《劉子・命相》云：「衛青方頟，鉗徒明其富貴；亞夫縱理，許負見於饑死。」這種身體性特徵，未不見於《史記》、《漢書》關於二人的記載，故補記於此。

〔註37〕《新書・等齊》。

特異性，也否定了人內在的「天根」與外在的「形容」之間具有神秘的關聯。而相術之所以成立，則正是建立在「以特異之形推知獨稟之命」這一原則基礎上的。這樣看來，西漢儒家在其立朝之初，就在理論上否定了相術的合理性。它剛健有爲的氣質，沒有爲「以命相論人」留下立足之地。

但是，就漢代儒家與黃老之學逐步合流的整體趨勢看，它最終將相術納入自己的範圍卻具有理論的必然性。比如賈誼，他雖然以「形容無著於天根」之論與相術對立，但一旦涉及性、命、形的關係問題，卻表現出向肯定相術方向發展的理論順延。如其所言：

> 性者，道德造物，物有形而道德之神專而爲一氣，明其潤益厚矣。濁而膠相連在物之中，爲物莫生，氣皆集焉，故謂之性。性，神氣之所會也，性立則神氣曉曉然發而通行於外矣。與外物之感相應，故曰潤厚而膠謂之性。性生氣，通之以曉。

> 命者，物皆得道德之施以生，則澤潤性氣神明，及形體之位分、數度，各有極量指奏矣。此皆所受其道德，非以嗜欲取捨然也。其受此具也，礐然有定矣，不可得辭也，故曰命。命者，不得毋生，生則有形，形而道德性神明因載於物形，故礐堅謂之命。命生形，通之以定。〔註38〕

按照賈誼對性、命、形關係的理解，性爲神氣之所會集，命是性「礐然有定」的確定形式，形爲命之所生。在這種有序的關聯中，人有其性必有其命，有其命必有其形。根據這種關聯，人們當然也可以按照相反的方向，以人形推知其貴賤之命，以貴賤之命推知其所稟的性。而這正是相術最基本的操作手段。由此看來，雖然賈誼反對「天根著於形容」的命相論，但就其所持的性、命觀念而言，卻依然形成了對命相理論的潛在支撐。

賈誼之後，董仲舒在其著述中沒有直接涉及性、命、形的關係問題，但他所謂的「人受命於天」、「受命必有符驗」，卻與一般命相理論具有相似性。比如在《春秋繁露》中，他多次提到「西狩獲麟」的問題，以此作爲孔子天命將盡的預兆。如其所言：「（孔子）西狩獲麟，曰：『吾道窮，吾道窮。』三年，身隨而卒。階此而觀，天命成敗，聖人知之，有所不能救，命也夫。」〔註39〕「有非力之所能致而自至者，西狩獲麟，受命之符也。」〔註40〕比較

〔註38〕《新書‧道德說》。
〔註39〕《春秋繁露‧隨本消息》。
〔註40〕《春秋繁露‧符瑞》。

言之，在人的禍福命運總會有外顯的徵兆這一點上，董仲舒與一般相術之士看法一致。其區別在於，相術之士認為命運的徵兆顯現於人自身的形貌，即命相；而董子則認為這種徵兆顯現於對象性的自然，即符驗。或者說，相術之士的命相是自體之命與自體之相的統一，而董子的「命相」則是主體之命與自然之相的二元分離。

從賈誼的「天根無關形容論」到董仲舒的「自然符驗論」，命與相的關係問題成為一個關乎現實政治的理論問題。它的表現就是以自然界的符瑞和災異反推人事及其禍福命運，以此作為帝王和大臣行事的鑒戒。但如上所言，這種相是自然之相，是與受命者自身分離的相。在西漢儒家思想者中，開始試圖將兩者統一於人體來考察並應用於人物鑒識的是劉向。如其所言：「有諸內必形於外」，〔註41〕「以所見可以占未發」。〔註42〕這種內外統一、以所見之體徵預判內隱之私情的做法，與命相術士幾無二致。但是必須注意的是，劉向這裡所講的「外」，並不是指人靜態的、與生俱來的相，而是他在待人接物中所展示的行為細節；他所講的「內」，也不是植根於生命深層、「至老極死不可變易」的性命，而是居於顯層、總是隨物變化的情。如其所言：「性，生而然者也，在於身而不發；情，接於物而然者也，出形於外。形外則謂之陽，不發者則謂之陰。」〔註43〕他將人的內在構成分成了性與情兩個層面，性隱而不發，情則因「接於物」而外顯。由此來看，劉向雖然在人的內在本質必然外顯為形象這一點上同於相術，而異於賈誼；在談論命運與外顯徵兆的關係方面比董仲舒更強調人自身的一體性，但他所講的依然是「情相」而非「命相」。與相術的理論要求仍然隔著一層。

到了東漢，這最後的一層隔膜終於被王充、王符等人捅破，從而登堂入室，成為儒門之士談論的重要話題。如王充云：「人曰命難知。命甚易知。知之何用？用之骨體。人命稟於天，則有表候見於體。察表候以知命，猶察斗斛以知容矣。」〔註44〕王充這種關於命與相關係的認識，如果放在整個漢代哲學關於命相問題的認識史中來看，不難發現它在理論上的進步性以及終將出現的邏輯必然性。比如，賈誼的「天根無著於形容論」，固然表現了一種理智的清明，但與中國哲學一氣貫通的身體理論卻根本相悖，與賈誼自己對性、

〔註41〕 《說苑‧雜言》。
〔註42〕 《說苑‧尊賢》。
〔註43〕 《論衡‧本性篇》。
〔註44〕 《論衡‧骨相篇》。

命、形關係的認識也存在矛盾。同樣，董仲舒建立在天人感應基礎上的自然符驗理論，固然使抽象的命運因外顯爲自然形象而成爲可以認知、把握的對象，但也因命與相的二元分立而缺乏判斷上的便捷和簡易。另外，劉向將人的內在心性與外顯形象作爲一個相互關聯的整體看待，這是一種理論的進步，但他在情與性之間卻預設了顯象與不顯象的差異。這種預設，不但與中國哲學一氣貫通性、命、情、形的身體觀相悖，而且表現出了理論上的模糊性和不徹底性。由此看來，王充在人最深層的命與最顯層的相之間建立的直接關聯，雖然在今人看來荒謬不堪，但它卻是中國身體哲學的必然結論。這一結論不但賦予了相術在理論層面的合法性，而且爲西漢以來一直繞來繞去、莫衷一是的命與相關係問題，提供了一個簡捷通透的解決方案。

王充生於光武帝建武三年（公元 27 年），卒於漢和帝永元年間。《論衡》在當時並沒有引起士林的注意，到東漢末年才漸漸產生影響。如晉人袁山松記云：

> 充所作《論衡》，中土未有傳者。蔡邕入吳始得之，恆秘玩以爲談助。其後王朗爲會稽太守，又得其書，及還許下，時人稱其才進。或曰：「不見異人，當得異書。」問之，果以《論衡》之益。由是遂見傳焉。〔註45〕

又宋人李昉《太平御覽》錄《抱朴子》佚文云：

> 抱朴子曰：「王充所著《論衡》，北方郡未有得之者。蔡伯喈嘗到江東，得之，歎其文高，度越諸子。及還中國，諸儒覺其談論更遠，嫌得異書。或搜求至隱處，果得《論衡》，捉取數卷，將去，伯喈曰：「惟吾與汝共之，勿廣也。」〔註46〕

蔡邕、王朗均是漢末名士。從《論衡》開始被士人接受的時間看，很難說這種命相理論對東漢時期的人物鑒識產生了重要影響。但一個不可忽視的事實是，這種理論卻與當時名士的察舉實踐形成了呼應關係。如上節談到的東漢名臣胡廣、種暠的被察舉，郭林宗對一系列下層士人的發現和舉薦等，如果沒有這種「以相推命」的理論作基礎，將很難做出合理的解釋。在此，考察東漢時期相術對人物鑒識的介入，到底是理論先行還是實踐先行，也許永遠無法得出結論，但兩者之間的相互呼應和印證，卻意味著這種「學者不

〔註45〕見范曄《後漢書》王充本傳注。
〔註46〕見《太平御覽》卷第六〇二。

道」的旁門左道已對當時士人的政治生活形成重要影響，並進而成爲魏晉人物鑒識的重要路向。如《世說新語》記曹操、褚裒軼事云：

> 魏武將見匈奴使，自以形陋，不足雄遠國，使崔季珪代，帝自捉刀立床頭。既畢，令間諜問曰：「魏王何如？」匈奴使答曰：「魏王雅望非常，然床頭捉刀人，此乃英雄也。」魏武聞之，追殺此使。〔註47〕

> 武昌孟嘉作庾太尉從事，已知名。褚太傅有知人鑒，罷豫章還，過武昌，問庾曰：「聞孟從事佳，今在此不？」庾曰：「卿自求之。」褚眄睞良久，指嘉曰：「此君小異，得無是乎？」庾大笑曰：「然！」於時既歎褚之默識，又欣嘉之見賞。〔註48〕

在這兩則軼事中，匈奴使沒有任何與曹操的前期接觸，就認定床頭捉刀人爲真英雄；褚太傅不借助任何提示，就在士吏中將一個從未謀面的人指認了出來。這種對人的鑒識，除了「天根」顯於「形容」的命相理論，無法做出更好的解釋。

在魏晉名士留下的大量軼事中，有一類尤其值得注意，這就是根據某人年少時期的神態和體徵對其未來發展做出預判。這種判斷，因有巨大的時間跨度而使學識、家境等助人成材的後天因素變得毫無意義，成爲純粹以貌取人式的身體直觀。如《世說新語》記云：

> 曹公少時見喬玄，玄謂曰：「天下方亂，群雄虎爭，撥而理之，非君乎？然君實亂世之英雄，治世之姦賊。恨吾老矣，不見君富貴，當以子孫相累。」

> 潘陽仲見王敦小時，謂曰：「君蜂目已露，但豺聲未振耳。必當食人，亦當爲人所食。」

> 衛玠年五歲，神衿可愛。祖太保曰：「此兒有異，顧我老，不見其大耳！」

> 戴安道年十餘歲，在瓦官寺畫。王長史見之曰：「此童非徒能畫，亦終當致名。恨吾老，不見其盛時耳！」

> 褚期生少時，謝公甚知之，恒云：「褚期生若不佳者，僕不復相士。」

〔註47〕《世說新語·容止》。
〔註48〕《世說新語·識鑒》。

　　郗超與傅瑗周旋。瑗見其二子，並總髮，超觀之良久，謂瑗曰：「小者才名皆勝，然保卿家，終當在兄。」即傅亮兄弟也。

　　車胤父作南平郡功曹，太守王胡之避司馬無忌之難，置郡於酆陰。是時胤十餘歲，胡之每出，嘗於籬中見而異焉。謂胤父曰：「此兒當致高名。」後遊集，恒命之。胤長，又爲桓宣武所知。清通於多士之世，官至選曹尚書。〔註49〕

　　王濬沖、裴叔則二人，總角詣鍾士季，須臾去後，客問鍾曰：「向二童何如？」鍾曰：「裴楷清通，王戎簡要。後二十年，此二賢當爲吏部尚書，冀爾時天下無滯才。」〔註50〕

　　以上所引魏晉名士的人物鑒識，多於正史有載。但考察其歷史眞實性和鑒識的應驗度並不是本文的任務。關鍵問題在於，我們可以從中發現命相問題從漢至魏晉的發展軌迹。如上所言，在西漢時期，這種相術化的人物鑒識基本上是一種不入大雅之堂的民間行爲，到東漢時期則逐漸爲士人階層接受。到魏晉時期，隨著人物品藻之風的盛行，不僅人的體貌、風神成爲對其格調、品位做出評價的依據，而且相術這種「學者不道」的「大俗」，至此已最終完成了向「大雅」的提升。比如，對曹操有過鑒識遇之恩的橋玄，曹魏時期一直受到隆重紀念。建安七年春正月，曹操曾「遣使以太牢祀橋玄」，〔註51〕並親作祭文；魏文帝延康六年十二月，曹丕「行自譙過梁，遣使以太牢祭故漢太尉橋玄」。〔註52〕這種隆重的祭禮說明，「以相推命」的相術受到了當時最高統治者的肯定。另如東晉謝安云：「褚期生若不佳者，僕不復相士。」一代名相謝安在此毫不避諱地稱其人物鑒識爲「相士」，說明相術在東晉士林有廣泛的接受市場。

第二節　漢代察舉制與人物品藻（二）

一、以名取人

　　閻步克在論述兩漢至魏晉察舉取士標準的嬗變時，曾依次列舉了以德取

〔註49〕上七則引文均見《世說新語‧識鑒》。
〔註50〕《世說新語‧賞譽》。
〔註51〕《三國志‧魏書‧武帝紀》。
〔註52〕《三國志‧魏書‧文帝紀》。

人、以能取人、以文取人、以名取人、以族取人等諸種形式。〔註53〕其中的德、能、文，涉及人的內在品質、才能和才學，而名則是這種品質、才能因獲得社會肯定而得到的名聲。從歷史文獻看，東漢中期以後察舉取士體現出了鮮明的以名取人的特點，這種現象的出現，當和以下原因有關：首先，按照王夫之《讀通鑒論》的講法，「宦寺之禍，彌延於東漢，至於靈帝而彌有加焉。」〔註54〕外戚和宦官對政權的把持，使士人無法施展自己的政治抱負，於是秉節持操以搏一世清名、臧否人物以表達政治理想，成為他們證明自身存在價值的重要方式。如《後漢書》云：「逮桓靈之間，主荒政謬，國命委於閹寺，士子羞與為伍，故匹夫抗奮，處士橫議，遂乃激揚名聲，互相題拂，品核公卿，裁量執政，婞直之風，於斯行矣。」〔註55〕這就是東漢後期名士所謂的「清議」風潮。這種清議使無德無行者名譽掃地，也使德行清直者聲名顯揚，成為天下士人望風靡集的偶像。

其次，與外戚、宦寺、豪強的對抗，使士人站在了道德的制高點上。這些人或以太學為中心、或團結在某一名士周圍，形成朋黨化的政治集團。這一集團通過對輿論的掌控，使東漢後期政治呈現出行政權與話語權二元分立的特點。按《後漢書·黨錮列傳》，東漢的朋黨政治起於桓帝時期。當時的尚書周福和河南尹房植，「二家賓客，互相譏揣，遂各樹黨徒，漸成尤隙。由是甘陵有南北部，黨人之議，自此始也。」後來，此風「轉入太學，諸生三萬餘人，郭林宗、賈偉節為其冠，並與李膺、陳蕃、王暢更相褒重。學中語曰：『天下模楷李元禮，不畏強禦陳仲舉，天下俊秀王叔茂。』又渤海公族進階、扶風魏齊卿，並危言深論，不隱豪強。自公卿以下，莫不畏其貶議，屣履到門。」〔註56〕在此，士人的朋黨化，使其掌控輿論的力量得到了進一步加強。

漢代察舉制度重視人的才能和德行。按照有美德必有美名、有美名必有聲望和影響的一般規律，名聲大小就成了士人能否被察舉徵辟的重要因素。如清人趙翼《廿二史札記》論云：「蓋當時薦舉徵辟，必採名譽。故凡可以得名者，必全力赴之。好為苟難，遂成風俗。」〔註57〕這裡的「好為苟難」，按照趙翼的解釋，即凡事「務欲絕出流輩，以成卓特之行。」也就是說，士人

〔註53〕參見閻步克：《察舉制度變遷史稿》，遼寧大學出版社 1997 年版。
〔註54〕王夫之：《讀通鑒論》卷八《靈帝》。
〔註55〕《後漢書·黨錮列傳》。
〔註56〕《後漢書·黨錮列傳》。
〔註57〕趙翼：《二十二史札記》卷五。

行為的標新立異、語言的爭強鬥狠是其搏取名聲的重要手段，也是通向縉紳之道的重要途徑。這種社會風尚表現在對人性的要求上，就是將士人所應執守的道德原則和行為規範推向毫不妥協的極端。

從《後漢書・黨錮列傳》看，東漢士人推崇志節，大多離不開「清」、「直」二字。現例舉如下：

> 劉季陵清高士，公卿多舉之者。

> 范滂清裁，猶以利刃齒腐朽。

> 羊陟字嗣祖，太山梁父人也。家世冠族。陟少清直有學行。

> （檀敷）少為諸生，家貧而志清，不受鄉里施惠。

> （劉淑）上疏以為宜罷宦官，辭甚切直，帝雖不能用，亦不罪焉。

> 尚書令陳蕃薦朗公忠亮直，宜在機密，復徵為尚書。

清正之德、質直之性是士林企慕的美好德行，但當這種道德被推向極端，則必然會與世俗化的政治現實發生衝突。范曄云：「夫上好則下必甚，矯枉則直必過。」正是說明被清流之士推崇的純粹道德原則，往往會在上行下效中變本加厲，在社會實踐中矯枉過正。進而言之，當對道德本身的忠誠壓倒了對國家的忠誠、為立名而道德壓倒了為服務社會而道德，所謂的「清」就成了一種反人性的潔癖，所謂的「直」就成了一種無條件的不寬容。這種「清教倫理」作為士人個人踐履躬行的原則尚可，如果以此介入社會批判並付諸實踐，則必然導致世俗王權與士人之德的衝突，進而造成社會的撕裂和政治的混亂。東漢中期以後，如果說外戚宦官掌握了國家行政大權，那麼士人則牢牢控制了以輿論裁決其道德合法性的權力。這兩種權力不妥協、無休止的對抗，既凸顯著知識分子的道德良知，又為他們搏一世清名提供了千載難逢的良機。在此，他們的清、直之行到底是出於憂國憂民的道德心，還是出於「以聲名自高」的個人企圖，確實是需要認真考慮的。

名，不管是政治層面使人出將入相的實用價值，還是社會層面使人獲得崇高聲譽的精神價值，甚或至於使人青史留名的不朽價值，對士人而言，都具有異乎尋常的重要性。東漢中期以後，士人階層的朋黨化，除了與外戚、宦寺、豪強對抗的現實需要外，與當時重名的時代風尚也大有關係。首先，由於東漢後期的察舉取決於士人的聲名，而士人聲名的大小又出於這一階層

的輿論，所以通過交遊使更多的人瞭解自己，就成為建立聲望的重要手段。即所謂「多助者為賢才，寡助者為不肖」。〔註58〕《後漢書‧仇覽傳》曾記仇覽與當時名士符融的一段交往，從中不難看出東漢後期士人交遊的盛況：

> 覽入太學。時諸生同郡符融有高名，與覽比宇，賓客盈室。覽常自守，不與融言。融觀其行止，心獨奇之，乃謂曰：「與先生同郡壤，鄰戶牖。今京師英雄四集，志士交結之秋，雖務經學，守之何固？」覽正色曰：「天子修設太學，豈但使人遊談其中！」

由於士人的交遊具有強烈的追逐權力和名位的目的性，所以交遊的最終指向必然是向某一兼具權勢和聲名的人物聚攏。由這種聚攏形成的士人集團，共相標榜，黨同伐異，就形成了所謂的朋黨。在朋黨內部，清流領袖需要一般士人壯己聲威，一般士人則需要與領袖人物建立關係擡高身價。如《後漢書‧黨錮列傳》記河南尹李膺云：「是時朝廷日亂，綱紀穨阤，膺獨持風裁，以聲名自高。士有被其容接者，名為登龍門。」〔註59〕當時，許多士人正是靠「登龍門」獲得了新的位階和身份。如郭林宗，原本家世貧賤，靠與李膺結交而一時「名震京師」。他成名後，又成為新進士人的追捧對象，以至弟子千數。《後漢書》記云：「（郭林宗）後歸鄉里，衣冠諸儒送至河上，車數千輛。林宗唯與李膺同舟共濟，眾賓望之，以為神仙焉。」〔註60〕這種由聲譽帶來的榮崇和巨大的精神滿足，確非仕宦、財貨的誘惑所可比擬。

當清流之議成為決定士人名聲的關鍵因素，以人格品題相互標榜就成為提高和加固聲望的重要手段。在東漢後期，這種品題既包括對清流領袖的追捧，又包括領袖人物對追隨者的獎掖和提攜。按《後漢書‧黨錮列傳》，當時的名士有所謂的三君、八俊、八顧、八及、八廚之分。其中，「君者，言一世之宗也」，「俊者，言人之英也」，「顧者，言能以德行引人者也」，「及者，言其能導人追宗也」，「廚者，言能以財救人者也」。〔註61〕比較這些已有定評的名士，一般士人更需要被名士所評，以擡高身價。由此促成了清議品題向職業化方向的發展。如在漢末朋黨的發祥地汝南，許劭和其兄長許靖「俱

〔註58〕 徐幹：《中論‧譴交》。

〔註59〕 又見《後漢書‧孔融傳》云：「時，河南尹李膺以簡重自居，不妄接賓客，敕外自非當世名人及其通家，皆不得白。」從這段話看，「登龍門」云者，一方面意味著與名士結交必帶來巨大的利益，另一方面則說明與名士結交的不易。

〔註60〕 《後漢書》卷六十八《郭林宗傳》。

〔註61〕 《後漢書‧黨錮列傳》。

有高名，好共核論鄉黨人物，每月輒更其品題，故汝南俗有『月旦評』焉。」〔註62〕由於這種品題具有巨大的社會影響力，所以在許劭做汝南郡功曹時，「府中聞之，莫不改操飾行。」〔註63〕

　　值得注意的是，東漢後期的清流之議，其影響不僅在於士人階層，而且對政治人物形成了強大的威懾力。如《後漢書·黨錮列傳》記當時清流名士云：「自公卿以下，莫不畏其貶議，屣履到門」。正是基於對話語權的有效掌握，在東漢後期，名聲給人帶來的直接價值已經壓倒了由此陞官晉爵的間接價值，「發展下去，許多士人索性三察不就，九辟不就，在士林交遊得名，似乎比王朝祿位更能保證社會地位。」〔註64〕同時，這種反其道而行的方法，使士人越拒絕徵辟越能標明其志節，越隱逸越能激發人們的傾慕和好奇，從而獲得更高的名聲。如《後漢書·符融傳》記云：「時漢中晉文經、梁國黃子艾，並恃其才智，炫曜上京，臥託養疾，無所接通。洛中士大夫好事者，承其聲名，坐門問疾，猶不得見。」至此，聲名的價值可以說達到了無以復加的地步。按照這種時代性的「唯名主義」，許多關於人的價值判斷都會發生根本性的逆轉。比如，在德能與名聲之間，有德能未必有名聲，但有名聲者必被視爲有德能；在察舉取士中，有德無名者可以棄置不理，但有名無德者卻必須被徵辟，否則就會使執政者自陷於不義。由此，察舉的主導權也就由朝廷轉向朋黨，朝廷由主動的選士轉化爲被動接受來自社會輿論的要挾。其中，名士被選是理所當然，毋須對朝廷感恩戴德，不被選則證明吏制腐敗、政治昏亂；名士拒絕徵辟說明其志節高潔，也反向證明政權的合法性應受到質疑。這種情況，就是蘇軾所謂的「恩去王室，權歸私門」。〔註65〕

　　以上所論，是東漢中期以後朋黨政治以及以名取人的大致狀況，從中不難看出它與魏晉人物品藻之風的關聯。首先，魏晉時期，知識分子之所以能在王權之外，保持著強烈的人格獨立和道德自覺意識，甚至屢屢以怪異的言行向王權發難，明顯是漢末名士風潮的延續和發展。其中，士人的朋黨化，使他們作爲一股獨立的政治勢力與主流政治疏離，而且愈是疏離，愈是證明

〔註62〕《後漢書》卷六十八《許劭傳》。又見葛洪《抱朴子外篇·自序》云：「漢末俗弊，朋黨分部，許子將之徒，以口舌取戒，爭訟論議，門宗成仇。故汝南人士無復定價，而有月旦之評。」
〔註63〕《資治通鑑》卷五十八。
〔註64〕閻步克：《察舉制度變遷史稿》，遼寧大學出版社1997年版，第87頁。
〔註65〕《蘇軾文集》卷25《議學校貢舉狀》。

其作爲士人的志節。由此看，今人所謂魏晉知識分子的人的覺醒和獨立、自由和解放，其眞實的原因並不是對政治混亂、社會苦痛的精神反彈，而是東漢時期王權與士人權力分離的必然產物。〔註66〕甚至可以說，漢代察舉制度本身就隱含著民間舉薦權與朝廷選士權的二元分立，這種權力的分化爲士人「自立門戶」埋下了制度性的基因，甚至爲其挾持民意與王權分庭抗禮提供了契機。這種「自立門戶」在東漢後期已達至極端，魏晉只不過是對其遺風餘緒的承傳罷了。

其次，人物品藻是最能見出魏晉時代特色的審美思潮。從上文分析看，這一思潮的形成，如果不涉及漢代察舉制度和朋黨政治將難以想像。顯然，察舉取士建基於鄉舉里選，州郡舉薦，士人如果想被舉薦就必須有知名度。這種知名度一方面來自士人對那一時代設定的道德、行爲原則的典範性踐履，另一方面也必然需要主動的自我推介和道德表演。這種需要就是對一個可以相互標榜的交際圈的需要，就是對清流領袖對其做出人格品評的需要，也是對在朋黨內部獲得心理歸屬和名利最大化的需要。從這種狀況看，魏晉士人的集團化，如建安七子、竹林七賢等，其實是漢代朋黨政治的變種；魏晉士人的卓言異行，其實是對東漢士人自我推介手段的繼承；魏晉的人物品藻之風，其實是對東漢後期借人物品題成一世之名的自然發展。比較言之，由於魏晉名士大多出身豪門，不像寒門之士有擠身上流社會的巨大心理緊迫，所以其結黨更趨於非功利化、言行更趨於反世俗（而不是反社會）、政治性的清議更趨於智性的清談，人物品藻更趨於不涉人之德能的形式外觀。這是它與漢代的差異處，也體現了從追求名的政治價值向追求名的審美價值的微妙轉化。關於這種差異，葉朗先生在《中國美學史大綱》中曾指出：「這時（魏晉）人物品藻已不再像東漢那樣著重人物的經學造詣和道德品行，而是著重於人物的風姿、風采、風韻。」〔註67〕但這種差異也反向證明了在漢代的人物品題與魏晉的人物品藻，具有一體之變的關係。〔註68〕

〔註66〕在中國二千多年的封建史中，從不缺乏王朝的更疊、社會的苦痛和政治的混亂，但只有在魏晉時期出現了社會愈動蕩士人愈自由、政治愈黑暗士人愈有創造精神的二律背反。這說明，社會政治狀況並不是鑄就那一時代精神特質的根本原因。

〔註67〕葉朗：《中國美學史大綱》，上海人民出版社 2002 年版，第 186 頁。

〔註68〕自漢至魏晉，雖然士人的價值體現出從政治向審美的微妙變化，但追名逐利仍是重要的取向。如魏明帝太和四年董昭上疏云：「當今年少，不復以學問爲本，專更以交遊爲業；國士不以孝悌清修爲首，乃以趨勢遊利爲先。合黨連

二、人物品藻

　　如前所言，察舉制度是一種視覺政治，天然地包含著以貌取人的成分，這是可以將它作爲身體問題理解的原因。在中國歷史上，士是一個相當獨特的階層，它懸於庶民與帝王之間，如果想施展抱負並擁有一種體面的生活，就必須與王權結盟。這種結盟的最理想形式，就是「與君爲客」──既與王權合作，又保持人格獨立。但是，政治的要義，歷來都是少數人統治多數人，帝王的「權力尋租」活動，總是會在龐大的士人群體中，瞄準符合自己政治理念的極少數。這樣，所謂的士，就永遠不可能是他本身，而只可能是圍繞著政權制定的標準重新造型的一類人。漢代察舉制度，由於其取士的前提是對其德能外顯形式的觀察或考察，由這種制度塑造的士人必然會重視自身的形式外觀，甚至在極端意義上「僞貌飾行」，以身體行爲的合規則來掩飾內心的非道德衝動。從這種特點看，察舉取士作爲一種感性化的選士規則，自身存在著無法克服的風險。這種風險就是人的形式外觀與內在本質的乖離或背反。尤其在王權無法在道德上確立其合法性的時期，它甚至會徹底滑向一種基於身體表演的形式主義。

　　東漢後期察舉取士的清濁不分，使士人必須以卓言異行自我凸顯。這種時代特徵使人的身體外觀變得重要。從《後漢書》中可以發現一個值得玩味的現象，漢桓帝以前關於士人的史傳，極少涉及人的容貌的描寫。此後，士人容貌的威嚴、美麗或特異，則時常被提及。茲錄於下：

　　　　太尉陳蕃薦暢（王暢）清方公正，有不可犯之色，由是復爲尚書。〔註69〕

　　　　傅燮字南容，北地靈州人也……身長八尺，有威容。〔註70〕

　　　　洪（臧洪）年十五，以父功拜童子郎，知名太學。洪體貌魁梧，有異姿。〔註71〕

群，互相褒歎，以毀訾爲罰戮，用黨譽爲爵賞，附己者則歎之盈言，不附者則爲作瑕釁。至乃相謂『今世何憂不度邪，但求人道不勤，羅之不博耳；又何患其不知己矣，但當吞之以藥而柔調耳。』又聞或有使奴客名作在職家人，冒之出入，往來禁奧，交通書疏，有所探問。凡此諸事，皆法之所不取，刑之所不赦，雖諷、偉之罪，無以別也。」（《三國志・魏書・董昭傳》）這種狀況反映了歷史本身的複雜性。

〔註69〕　《後漢書》卷五十六《王暢傳》。
〔註70〕　《後漢書》卷五十八《傅燮傳》。
〔註71〕　《後漢書》卷五十八《臧洪傳》。

馬融字季長，扶風茂陵人也，將作大匠嚴之子。爲人美辭貌，有俊才。〔註72〕

周舉字宣光，汝南汝陽人……舉姿貌醜陋，而博學洽聞，爲儒者所宗。〔註73〕

李固字子堅，漢中南鄭人……固貌狀有奇表，鼎角匿犀，足履龜文。〔註74〕

盧植字子幹，涿郡涿人也。身長八尺二寸，音聲如鐘。〔註75〕

（郭林宗）身長八尺，容貌魁偉，褒衣博帶，周遊郡國。〔註76〕

朗（魏朗）性矜嚴，閉門整法度，家人不見墮容。〔註77〕

趙壹字元叔，漢陽西縣人也。體貌魁梧，身長九尺，美鬚豪眉，望之甚偉。〔註78〕

紹（袁紹）有姿貌威容，愛士養名。〔註79〕

美貌使人親近，異貌使人敬畏。這些形式性的東西雖然歷來爲正統的道德君子所不屑，但由此生發愛憎，卻也是人情之所不免。在東漢後期士人以交際顯名的時代，形貌問題無疑更具有重要性。像郭林宗魁偉的容貌，顯然有助於增加同行的好感；他成名後又加上「褒衣博帶」的裝束，這種派頭則有助於強化在士人階層的影響。值得注意的是，這種重視人的體貌的時代特徵不僅表現在士人階層，而且流風所及，甚至影響到王朝統治者或威權人士對於繼承人的選拔。如《後漢書》記云：

初，何皇后生皇子辯，王貴人生皇子協。群臣請立太子，帝（靈帝）以辯輕佻無威儀，不可爲人主。〔註80〕

紹（袁紹）有三子：譚字顯思，熙字顯雍，尚字顯甫。譚長而惠，尚少而美。紹後妻劉有寵，而偏愛尚，數稱於紹，紹亦奇其姿

〔註72〕《後漢書·馬融列傳》。
〔註73〕《後漢書》卷六十一《周舉傳》。
〔註74〕《後漢書》卷六十三《李固傳》。
〔註75〕《後漢書》卷六十四《盧植傳》。
〔註76〕《後漢書》卷六十八《郭林宗傳》。
〔註77〕《後漢書·黨錮列傳》。
〔註78〕《後漢書·文苑列傳》。
〔註79〕《後漢書》卷七十四《袁紹傳》。
〔註80〕見《後漢書》卷六十九《何進傳》。

容，欲使傳嗣。〔註81〕

　　如果將對人的判斷分爲形與質、名與實兩個側面，那麼，結合上節所論的「以名取人」，東漢後期識人的整體趨向，就是逐步走向重形名，輕質實。這種從質向形、從實向名的飄離和滑動，一方面意味著對士人的評價越來越趨於形式化、審美化，另一方面則意味著與士人應擔承的經國治世的責任已發生了嚴重偏離。正如《後漢書・方術列傳》云：「漢世之所謂名士者，其風流可知矣。雖弛張趣舍，時有未純，於刻情脩容，依倚道藝，以就其身價，非所能通物方，弘時務也。」又如《後漢書・儒林列傳》云：「自是游學增盛，至三萬餘生，然章句漸疏，而多以浮華相尚，儒者之風蓋衰矣。」這裡的「風流」，指東漢後期士人追求的人生格調；「刻情脩容」，指士人對形體美的自我要求；「浮華」則是對時代風尚的整體評價。這種特徵，與要求士人「通物方」、「弘時務」以應國家之急的實用價值相背謬，並理應受到抨擊，但具有諷刺意味的是，正是這種身體表演的風流或形式主義、「以名取人」的「唯名主義」，開了魏晉人物品藻的先河。由此也可以看到，一個時代審美主義思潮的泛起，於美學而言是一件幸事，於國家而言卻必然是大不幸。

　　魏晉人物品藻雖然涉及諸多理論問題，但形與名的問題無疑是其中最爲關鍵的。其中的形，即士人的相貌、風姿、風采、風韻，名即聲望以及與這種聲望有關的相互標榜、品題。在魏晉時期，由於士人談論的重要議題之一即是名士的風度和風采，所以因形貌而被品題，因被品題而涉及形貌，或者因形而名、因名而形，就使兩者成爲相成相生、「相依爲命」的孿生兄弟。如《世說新語》中關於人物品藻的記載：

　　　　世目李元禮，謖謖如勁松下風。〔註82〕

　　　　時人目王右軍，飄如遊雲，矯若驚龍。〔註83〕

　　　　有人歎王公形茂者，云：「濯濯如春月柳。」〔註84〕

　　　　時人目夏侯太初，朗朗如日月之入懷；李安國，頹唐如玉山之將崩。〔註85〕

〔註81〕見《後漢書》卷七十四《袁紹傳》。
〔註82〕《世說新語・賞譽》。
〔註83〕《世說新語・容止》。
〔註84〕《世說新語・容止》。
〔註85〕《世說新語・容止》。

海西時，諸公每朝，朝堂猶暗。唯會稽王來，軒軒如朝霞舉。
〔註86〕

嵇康身長七尺八寸，風姿特秀。見者歎曰：「蕭蕭肅肅，爽朗清舉。」或云：「蕭蕭如松下風，高而徐引。」山公曰：「嵇叔夜之爲人也，岩岩若孤松之獨立，其醉也，傀俄若玉山之將崩。」〔註87〕

劉丹陽、王長史在瓦棺寺集，桓護軍亦在坐，共商略西朝及江左人物。或問：「杜弘治何如衛虎？」桓答曰：「弘治膚清，衛虎奕奕神令。」〔註88〕

以上引文中所謂「世目」、「時人目」、「有人歎」云云，意味著人的形貌不是一般滿足人「愛美之心」的問題，也不是史傳是否記述的問題，而是成了士人交往時「清議」的話題。至於劉丹陽、王長史、桓護軍在瓦棺寺「共商略西朝及江左人物」，其中涉及杜乂的「膚清」、衛玠的「奕奕神令」，則爲這種人物品鑒向形貌的聚集提供了具有直觀性的場景。至此，人物品鑒，這一從東漢中期即在士人政治和交遊活動中興起的潮流，政治性的對人物的清議逐步讓位於生活性的對人物的清賞，士人逐步由德能、氣節而成名逐步讓位於由形貌、風流倜儻而成名。這種形與名的結合，既使漢與魏晉之間體現出在同一問題上的相互關聯和嬗變，又可以看出關於人的判斷從質向形、從實向名、從政治向審美滑動的歷史軌跡。這種滑動，可描述爲從人物鑒識向人物品藻的變化。〔註89〕其中，清議、清名、清賞和清像是理解這一變化軌迹的關鍵性詞語。所謂的人物品藻，就是美名與美貌的結合。

魏晉人物品鑒向審美化方向的發展有其時代的原因。早在曹魏政權建立之前，曹操已深感黨人之議對社會的巨大危害，於是在攻佔冀州後就下令整頓地方風俗。如其所言：「阿黨比周，先聖所嫉也。聞冀州俗，父子異部，更相毀譽。昔直不疑無兄，世人謂之盜嫂；伯魚三娶孤女，謂之撾婦翁；王

〔註86〕《世說新語·容止》。
〔註87〕《世說新語·容止》。
〔註88〕《世說新語·品藻》。
〔註89〕就漢代與魏晉的區別而論，漢代對士人的認識由於更重視形背後的質，所以宜稱作人物鑒識；魏晉，尤其是兩晉時期，對士人的議論更重視無涉道德內容的形或神，具有清賞並藻飾的意味，所以宜稱爲人物品藻。但這種形與質的差異又表現出品評、鑒賞人物的一致性，所以對漢至魏晉的一種比較概括性的講法宜稱爲人物品鑒。

鳳擅權，谷永比之申伯；王商忠議，張匡謂之左道。此皆以白爲黑，欺天罔君者也。吾欲整齊風俗，四者不除，吾以爲羞。」〔註90〕後曹丕建立魏朝，尚書陳群又上書道：「臣下雷同，是非相蔽，國之大患也。若不和睦則有仇黨，有仇黨則毀譽無端，毀譽無端則眞僞失實，不可不深防備，有以絕其源流。」〔註91〕由此可見，曹魏政權，尤其是曹氏父子雖然以能詩善文、提攜文士著稱，但對士人不負責任地臧否人物、橫議時政卻絕無好感。爲了矯正這種流俗，曹操對選才標準進行了改革，由前朝的以名取人改爲「綜覈名實」，〔註92〕甚至特下《舉賢勿拘品行令》，召納那些「負污辱之名，見笑之行，或不仁不孝而有治國用兵之術」〔註93〕者。同時，對那些交遊清談、合黨聯群、浮華巧辯的士人則保持了彈壓之勢。如在汝南主持「月旦評」的許劭，「魏武帝深亦嫉之，欲取其首，爾乃奔波亡走，殆至屠滅」。〔註94〕一代名士孔融則因「世人多采其虛名，少於核實」被曹操殺掉。及至魏明帝曹叡，這種對名士的惡感依然存在。如《三國志‧魏書》記云：「諸葛誕、鄧颺等馳名譽，有四窗八達之誚，帝疾之。時舉中書郎。詔曰：『得其人與否，在盧生耳。選舉莫取有名，名如畫地作餅，不可啖也。』」〔註95〕

　　魏末，司馬氏靠大行殺戮建立了晉朝。司馬懿「誅曹爽之際，支黨皆夷及三族，男女無少長，姑姊妹女子之適人者皆殺之。」何晏、嵇康等士林領袖也在劫難逃。在這種極黑暗、極殘酷的時局中，爲逞口舌之快而辱身喪命絕非明智之舉。如《世說新語》記阮籍云：「晉文王稱阮嗣宗至愼，每與之言，言皆玄言，未嘗臧否人物。」〔註96〕《晉書》云：「籍本有濟世志，屬魏、晉之際，天下多故，名士少有全者，籍由是不與世事，遂酣飲爲常。文帝初欲爲武帝求婚於籍，籍醉六十日，不得言而止。鍾會數以時事問之，欲因其可否而致之罪，皆以酣醉獲免。」〔註97〕在此，「發言玄遠」以避世、「口不臧否人物」以避仇、整日酣醉以避事，成了自免於殺身之禍的微妙法門。至於

〔註90〕《三國志‧魏書‧武帝紀》。
〔註91〕《三國志‧魏書》卷二十二《陳群傳》。
〔註92〕王夫之：《讀通鑒論‧三國》。
〔註93〕《三國志‧魏書‧武帝紀》裴松之注引《魏書》。
〔註94〕葛洪：《抱朴子外篇‧自序》。
〔註95〕《三國志‧魏書》卷二十二《盧毓傳》。
〔註96〕《世說新語‧德行》。
〔註97〕《晉書》卷四十九《阮籍傳》。

當時士人以議人形貌之美醜代替評人德行之長短、以優雅有趣的談風代替真理在握的憂世的憤激，則明顯有三個效果：一是可以使人因不談政治而遠離殺身之禍，二是可以靠無關利害的口舌操練使清議傳統得到形式上的延續，三是可以在美的品鑒中忘掉生命的苦痛和隨時可能降臨的殺機。這種由時代的苦痛促成的人物品鑒向審美的轉化，極易使人想起英國唯美主義者王爾德所講的一段話：「我們是一個動蕩、瘋狂時代的產兒。在這絕望和沮喪的致命時刻，叫我們往哪兒逃，往哪兒躲？只能到美的安全的洞穴裏去，那裡隨時可以獲得許多快樂和少許陶醉。」〔註98〕

　　但是，正如上文所言，魏晉人物品藻的時代性，並不能掩蓋自漢代中葉即湧起的這股歷史暗流的巨大湧動。而且，因爲借了時勢的機緣，反而有愈演愈烈之勢。這中間，曹魏政權雖然對黨人之議在情感和理性層面均極爲反感，但它的政治理念和選才制度卻起到了推波助瀾的作用。比如，在這一政權建立之初，由於漢末戰亂導致人口大量流動，原本按州郡人口比例薦舉人才的政策已無法實行。在這種背景下，曹操接受陳群的建議設九品官人之法，即所謂九品中正制。這種作爲漢代察舉制度變種的選才制度，原本是曹魏政權應付人才短缺的權宜之計，但一經實行，即使選才的主導權落在了地方門閥世族手裏，以至到晉代造成了「上品無寒門，下品無勢族」〔註99〕的狀況。這種名位與權位、名士與豪族的組合，一方面使政權對士人行爲更缺乏約束力，另一方面，也必然將貴族審美化的人生趣味、享樂主義的生活信條帶入人物品鑒之中。進而言之，由於這些豪門名士超強的影響力，流風所及，不僅下層寒門之士群起倣傚，而且長期作爲其制約者存在的帝王，要麼弱不任事，要麼也加入了這種由亂世浮華鑄造的品藻者的行列。至此，人物品藻也就由士人群體內部的評議時政、臧否德能、品藻形儀，彌漫成一種有類於「日常生活審美化」的風潮。東漢中葉即開始與人物品鑒糾纏不清的形與名問題，至此也以相互結合的方式，得到了最完滿、最自由的實現。正如王夫之所言：

> 　　東漢之中葉，士以名節相尚，而交遊品題，互相持以成乎黨論，天下奔走如鶩，而莫之能止。桓、靈側聽奄豎，極致其罪罟以摧折之，而天下固慕其風而不以爲忌。曹孟德心知摧折者之固爲亂政，而標榜者之亦非善俗也，於是進崔琰、毛玠、陳群、鍾繇之徒，任

〔註98〕王爾德：《道林·格雷的畫像》，黑龍江人民出版社1984年版，第124頁。
〔註99〕《晉書》卷四十五《劉毅傳》。

法課能，矯之以趨於刑名，而漢末之風暫息者數十年。琰、玠殺，孟德殂，持之之力窮，而前之激者適以揚矣。太和之世，諸葛誕、鄧颺浸起而矯孟德綜實之習，結納互相題表，未嘗師漢末之爲，而若或師之；且刓方向圓，崇虛墮實，尤不能如李、杜、范、張之崇名節以勵俗矣。乃遂以終魏之世，迄於晉而不爲衰止。然則孟德之綜核名實也，適以壅已決之水於須臾，而助其流溢已耳。故曰抑之而愈以流也。〔註100〕

三、身體與制度

關於漢代察舉制度對兩漢至魏晉審美風尙的影響，我們在前面「視覺政治」、「以貌取人」、「以名取人」諸節中已經做過探討。從中可以看出，當時審美活動的重心之所以向人的身體聚集，或者說士人獲取名聲的最佳途徑之所以被認定爲是身體性的自我表現，其根本的原因就是察舉制要求人內在的才學、德行必須訴諸感性直觀。從這種特點看，魏晉士人最具唯美特性的人物品藻，以及由身體表演所彰顯的人性自由、解放和覺醒，其眞正的發端卻是漢代最具功利色彩、最讓人不得自由的選才制度的要求。這種圍繞入仕的功利而生發出的審美的非功利，圍繞制度的反自由而生發出的身體表演的自由，代表了兩漢與魏晉美學的一種奇妙關聯。

同時，在漢代，雖然身體判斷被逐漸用於選士實踐，關於身體的哲學考察（如王充），也形成了對這種實踐的理論支持，但是，眞正將兩者凝結在一起、並以指導選才實踐爲目的的理論體系並沒有出現。也就是說，漢代的察舉取士制度雖然踐行近四百年，但這一制度的理論依據、取士標準、施行方式並沒有圍繞人的察識問題眞正獲得理論的自明性。之所以出現這種狀況，一個重要的原因就是漢代早期察舉制「鄉舉里選」的屬性。這種建立在基層民主基礎上的選舉，對人才的判斷是一種公眾行爲，而非個體行爲，對選官的判斷力並不構成眞正的考驗。但到了東漢後期，宦官、外戚的專權使這種「基層民主制」遭到破壞；三國時期，連年的戰爭、人口的遷徙則進一步使鄉舉里選無法實行。正如時人傅嘏云：「方今九州之民，爰及京城，未有六鄉之舉，其選才之職，專任吏部。」〔註101〕在這種背景下，對士人的選擇已無

〔註100〕王夫之：《讀通鑑論‧三國》。
〔註101〕《三國志‧魏書》卷二十一《傅嘏傳》。

法依賴公共性的選舉徵辟，而只能靠少數選官個體性的慧眼識才。這種察舉主體由公眾向個體的變化反映在當時的歷史文獻中，就是「選士」這一在漢典中出現頻率極高的詞，自漢末逐漸被「識人」取代。像在《人物志》、《世說新語》、《抱朴子外篇》、《劉子》等文獻中，之所以大量出現關於「接識」、「知人」、「清鑒」、「鑒識」、「行品」等問題的專論，顯然是對察舉制度發生變化的理論回應。

「凡人之心，險於山川」，〔註102〕對人的認識一直被中國哲人視爲最困難的課題。如東晉葛洪云：「知人則哲，上聖所難。今使牧守皆能審良才於未用，保性履之始終，誠未易也。」〔註103〕但是在魏晉時期，由於有漢代的命相理論、相術及郭林宗輩的察舉實踐做基礎，這種理論與實踐的積澱卻預示著通過體徵察知其命運、品行、才能是一條可行的路徑。正是因爲這一點，我們可以看到，魏晉時期關於人才的察舉理論基本上是圍繞人的體徵對其內在本質的暗示性展開的。其代表性的著作就是劉劭的《人物志》。

劉劭，廣平邯鄲人，魏文帝、明帝時期曾任秘書郎、尚書郎、散騎侍郎，後賜爵關內侯。時人稱其「深忠篤思，體周於數，凡所錯綜，源流弘遠，是以群才大小，咸取所同而斟酌焉。」〔註104〕在魏明帝時曾受命作《都官考課》，以考覈官員的政績，但因明帝的去世沒有實行。關於《人物志》一書的要旨，《四庫全書總目》中有精準的總結，即「主於論辯人才，以外見之符，驗內藏之器，分別流品，研析疑似。」〔註105〕從這段話可以看出：該書的目的是爲人才的甄別提供理論依據和方法指導，所謂理論依據就是「德才必顯於體貌」的身體觀，所謂方法指導就是以外顯的體貌反推其內在的才能和品性。從這種特點不難看出，劉劭人才理論的貢獻在於，他將漢代以王充爲代表的命相理論從自然推及到了人事，從理論的一般性推及到了現實實踐的具體層面。

爲什麼人的德才會外顯於形貌？劉劭對這一問題的回答依然立於漢代主導性的世界觀，即元氣自然論。如其所言：「凡有血氣者，莫不含元一以爲質，稟陰陽以立性，體五行而著形。苟有形質，猶可即而求之。」〔註106〕這裡的

〔註102〕《劉子・心隱章》。

〔註103〕《抱朴子外篇・審舉》。

〔註104〕《三國志・魏書》卷二十一《劉劭傳》。

〔註105〕《四庫全書總目》卷一七。

〔註106〕《人物志・九徵》。

「元一」即自然之氣，是決定一切存在之爲存在的根本，具體到人體則是自然之氣的內化形式，即血氣。按照劉劭的哲學邏輯，氣是自然的元質，血氣是人的元質；這種元質在自然層面分爲陰陽，在人的側面則形成人性的善惡。進而言之，這陰陽之氣又可進一步分爲金、木、水、火、土五種元素，這五種元素的有機聚合生成了人形。按照這種環環相生的哲學推理，人的形體表現雖然是這一因果鏈的最後一個環節，但它卻是人的內在血氣、陰陽之性、五行之質的有效外顯。據此，一個眞正洞悉這種人體發生學的人材選拔者，就必然可以「按圖索驥」，從外形反向推斷出人的內在稟性，從而使「以貌取人」式的人物鑒識成爲可能。

　　劉劭認爲，「凡人之質量，中和最貴矣」。這是因爲，「中和之質，必平淡無味，故能調成五材，變化應節」，〔註107〕也就是說，內在陰陽之氣的調和、五行的相宜相生雖然使人的內在稟性難以表現出特異性，但卻爲人性的察識建立了一個可上可下、可左可右的坐標點。這種中和之性的外顯就是人物外貌無思無欲的平淡。以此爲基點，聰明之人稟承天地陰陽的精華，其本性不是一般中和之人的「平和」，而是更加純粹的「清和」，所以他內在睿智的外顯必是俊朗光明的形象。與這兩類形性相合、互彰互顯的人相比，其他類型的人則往往因爲陰陽失調而不能兩美。比如，「明白之士，達動之機，而暗於玄機；玄慮之人，識靜之源，而困於速捷。猶火日外照，不能內見；金水內映，不能外光。」〔註108〕但是，也正是因爲大多數人不能兩美，才使人性和人形變得豐富多樣，並使「以貌取人」的觀人術成爲一個必須認眞研究的問題。

　　面對無限豐富的人性和無限多樣的人形，僅用陰陽之氣的相合與失調來進行劃分未免失之粗疏。對此，劉劭在陰陽之後又引入了五物這一範疇，以對人進行更細緻的劃分。五物是五行在自然中的對象形式，也同樣與人體的內部構成相互對應，即所謂「五物之徵，亦各著於厥體矣」。〔註109〕其中，木對應於骨，金對應於筋，火對應於氣，土對應於肌，水對應於血。這裡的骨、筋、氣、肌、血，被劉劭稱爲五質，它既是自然界中的五物在人體的表現，又對人的個性、才質、道德行爲構成直接影響。如劉劭云：「骨植而柔

〔註107〕《人物志・九徵》。
〔註108〕《人物志・九徵》。
〔註109〕《人物志・九徵》。

者，謂之弘毅；弘毅也者，仁之質也。氣清而朗者，謂之文理；文理也者，禮之本也。體端而實者，謂之貞固；貞固也者，信之基也。筋勁而精者，謂之勇敢；勇敢也者，義之決也。色平而暢者，謂之通微；通微也者，智之原也。」〔註110〕由此，人體的基本構成（五質）雖然是自然的，但也是社會的；雖然是生理性的，但也是心理性和倫理性的。由於這種人體構成是人之為人的最恒常的東西，所以它又被稱為五常。進而言之，如果這五種人體的恒常對人性、德才、道德行為具有決定性，那麼必然可以根據骨、筋、氣、肌、血在人體的表象達到對其內在本質的認識。正如劉劭云：「雖體變無窮，猶依乎五質。故其剛、柔、明、暢、貞固之征，著乎形容，見乎聲色，發乎情味，各如其象。」〔註111〕

在上段引文中，劉劭說人內在的剛、柔、明、暢、貞固等本性「各如其象」，而不像一般今人所講的「各如其形」。這是因為「形」比「象」更接近人體的真實；或者說「形」指人體的固定形式，而「象」則進一步包括了儀容、聲色、情狀等人體的動態表現。〔註112〕比較言之，從骨、筋、肌、氣、血這些不可變異的身體構成來觀人，明顯是命定論的，沒有顧及人的後天表現。這也是王充為人詬病的地方。而儀容、聲色、情狀等是人面對具體生活事件時的即時性身體反應，通過它們就可以對人處理具體事務的能力做出更精準的判斷。基於這一原因，劉劭將「象」的身體性表現也作為考察人內在心質的重要側面。如其所言：

> 故心質亮直，其儀勁固；心質休決，其儀進猛；心質平理，其儀安閑。夫儀動成容，各有態度：直容之動，矯矯行行；休容之動，業業蹌蹌；德容之動，顯顯印印。夫容之動作，發乎心氣；心氣之征，則聲變是也。夫氣合成聲，聲應律呂：有和平之聲，有清暢之聲，有回衍之聲。夫聲暢於氣，則實存貌色；故：誠仁，必有溫柔之色；誠勇，必有矜奮之色；誠智，必有明達之色。〔註113〕

在這段話中，劉劭討論了儀、容、聲、色與心的關係。一方面，這些作為人身體外觀的「象」是心質的外顯，另一方面通過這些外顯之象必然又可

〔註110〕《人物志·九徵》。
〔註111〕《人物志·九徵》。
〔註112〕關於秦漢哲學對「形」與「象」的區分，可參見本書第一章。
〔註113〕《人物志·九徵》。

折射出一個人內在的心質。至此，劉劭關於人的外在表徵對內在本質的暗示，就可總結爲兩個層面：一是人的自然之質（骨，筋，肌，氣，血）外顯的恒常的形，二是心隨物動而表現於眉睫之間的多變的象（儀，容，聲，色）。前者是先天的，後者是人爲的；前者是命定的，後者是隨事變異的。一種完整的對人的考察必然是這種「常形」與「變象」的結合。正是基於這種結合，劉劭藉以觀人的五質發展爲九徵。如其所言：

> 平陂之質在於神，明暗之實在於精，勇怯之勢在於筋，強弱之植在於骨，躁靜之決在於氣，慘懌之情在於色，衰正之形在於儀，態度之動在於容，緩急之狀在於言。其爲人也：質素平澹，中睿外朗，筋勁植固，聲清色懌，儀正容直，則九徵皆至，則純粹之德也。九徵有違，則偏雜之材也。〔註114〕

以上是劉劭《人物志》的大致內容。從《三國志》本傳看，《人物志》應是劉劭晚年「執經講學」時的著作，他的《都官考課》曾受到當時朝臣傅嘏的批評，並因魏明帝的去世未及實行。但是，從魏晉時期見於史籍的選官制度、相關鑒識理論、社會風尚，卻可斷定劉劭的九徵察識之法，是當時選官制度藉以知人的重要方法。原因列述如下：

首先，如前所言，曹魏時期，立於「鄉老獻賢」的傳統察舉制度被破壞，官吏的選擇權向吏部聚集。魏文帝時期，尚書陳群制「九品官人法」，正是在公眾評價體制失效後，試圖以士人門第、家風的可靠性作爲士人德才和對政權忠誠的保證。這種替代方法一方面造就了魏晉取士的門閥化，即所謂「相門有相，將門有將」，〔註115〕另一方面也使士大夫趣味成爲人物察舉的重要標準，即由尊重民望民聲的公共判斷轉向關於士人言談、風儀的個體情感判斷，由重視實務之功轉向以體貌性情反推其才能和德行。同時，曹魏之後，官吏選擇權向吏部的聚集，意味著士人的命運掌握在極少數選官手裏。這極少數人，一方面難以有充分的時間對士人做出全面的考察，另一方面來自士人階層相互品題得來的虛名又缺乏可信性。這樣，通過身體直觀達到對士人內在本質的直接判斷，也就成了最簡便易行而又於理有據的方法。劉劭之後，曾任吏部郎的盧毓因選才有功被擢升爲吏部尚書，他的選才方法就是「先舉性行，而後言才」。所謂的「先舉性行」，就是先以形貌察其性，以行止觀其德，

〔註114〕《人物志・九徵》。
〔註115〕《三國志》卷十九《陳思王傳》。

這種判斷顯然是以人身體性的表現作爲入仕的選決條件。另外，魏明帝在稱讚盧毓的詔書中講：「官人秩才，聖帝所難，必須良佐，近可替否。侍中毓稟性貞固，心平體正，可謂明試有功，不懈於位者也。」〔註116〕這裡的「稟性貞固，心平體正」，也是身體性的。說明心、性、行等身體性因素不僅是主管吏治官員的重要取捨標準，而且這種標準也得到了最高統治者的肯定。

其次，在魏晉時期，以外在體徵推斷內在德才固然是重要的選才方法，但這種方法也遭到了當時有識之士的強烈質疑和抨擊。此類論述主要見於葛洪《抱朴子外篇》的《審舉》、《清鑒》、《行品》諸章。如其所言：

> 士有風姿豐偉，雅望有餘，而懷空抱虛，幹植不足，以貌取之，則不必得賢，徐徐先試，則不可倉卒。〔註117〕

> 欲聽言察貌，則或似是而非，眞僞混錯。然而世人甚以爲易，經耳過目，謂可精盡。余甚猜焉，未敢許也。〔註118〕

> 夫貌望豐偉者不必賢，而形器尫瘁者不必愚，咆哮者不必勇，淳淡者不必怯。或外候同而用意異，或氣性殊而所務合。非若天地有常候，山川有定止也。〔註119〕

> 人技未易知，眞僞或相似。士有顏貌修麗，風表閒雅，望之溢目，接之適意，威儀如龍虎，盤旋成規矩。然心蔽神否，才無所堪，心中所有，盡付皮膚。口不能吐片奇，筆不能屬半句；入不能宰民，出不能用兵；治事則事廢，銜命則命辱。動靜莫宜，出處莫可。

> 士有貌望樸悴，容觀娃陋，聲氣雌弱，進止質澀。然而含英懷寶，經明行高，幹過元凱，文蔚春林。官則庶績康用，武則克全獨勝。〔註120〕

按照葛洪的看法，「所欲舉者，必澄思以察之，博訪以詳之，修其名而考其行，校同異以備虛飾。令親族稱其孝友，邦閭歸其信義。」〔註121〕另外，魏時的傅嘏也曾在批評劉劭的「考課法」時指出：「昔先王之擇才，必本行於

〔註116〕《三國志》卷二十二《盧毓傳》。
〔註117〕《抱朴子外篇‧審舉》。
〔註118〕《抱朴子外篇‧清鑒》。
〔註119〕《抱朴子外篇‧清鑒》。
〔註120〕《抱朴子外篇‧行品》。
〔註121〕《抱朴子外篇‧審舉》。

鄉閭，講道於庠序，行具而謂之賢，道修則謂之能。鄉老獻賢能於王，王拜受之。舉其賢者，出使長之；科其能者，入使治之。此先王收才之義也。方今九州之民，爰及京城，未有六鄉之舉，其選才之職，專任吏部。案品狀則實才未必當，任薄伐則德行未爲敘。」〔註122〕

　　傅嘏和葛洪所講，應是歷代察舉取士所應遵循的正途，但就知識分子總是抨擊時弊、捍衛正道的職分看，傅嘏和葛洪所批判的時弊，正應該是魏晉時期主導性的東西；他們所倡導的察舉正道，正應該是當時取士制度中已缺失的東西。在上段引文中，傅嘏提到「方今」取士「案品狀」和「任薄伐」，這裡的「品」即士分九品，「狀」即以狀貌取人，「薄伐」即門閥。從中正可看出傅嘏所倡導的察舉理想與曹魏時期的實際狀況存在嚴重的乖離。葛洪在《抱朴子》中對以形貌取人的批判，採用的是問答或詰難的方法，這也反向證明了在他之外，東晉時期存在著一種更爲主流的以貌取人的觀點。或者說，他的批判所針對的正是那一時代主導性的取士方法。關於這種觀念的流行性和方法的主導性，《世說新語》無疑提供了足夠多的佐證。

　　從以上分析看，以體貌、儀態、聲色等身體性因素識人，是魏晉取士的重要方法。在這一時期，雖然一些士人，如嵇康、阮籍等與主流政治不合作，但這並不妨礙更多的士人將進入權力階層作爲人生的核心目標。在王權主宰著知識者的政治理想、人生命運的時代，他除了圍繞著那一時代的制度自我塑造，似乎並沒有更多的選擇餘地。所謂的與主流政治疏離，只不過是一種自我標榜的姿態。由此看魏晉時期的人物品藻，它雖然以士人貌似自由的身體表演爲時代表徵，以士人的個體覺醒和人性解放體現出對封建制度前無古人的反叛，但在根本意義上，卻依然是一種制度的給予。西人有諺曰：「你以爲你在游泳，卻有一股暗流在推你前行。」對於魏晉人物品藻的風潮，這股在背後支撐的「暗流」，就是漢代的察舉取士制度以及其在魏晉時期的變種。

第三節　身體的死亡與魏晉風度

一、厚葬與薄葬

　　漢代察舉取士，一重人的孝行，二重人的廉能。爲父母盡孝，不但是家庭倫理問題，而且是重大的政治問題。這是因爲，士人只有具備孝敬父母的

〔註122〕《三國志》卷二十一《傅嘏傳》。

道德基礎，才會擴而廣之，與他人和諧相處，對君主忠貞不二。如《孝經》云：「愛親者，不敢惡於人；敬親者，不敢慢於人。」〔註123〕「資於事父以事母，而愛同；資於事父以事君，而敬同。故母取其愛，而君取其敬，兼之者父也。故以孝事君則忠，以敬事長則順。」〔註124〕按照這種由近知遠、以小見大的推理，作為家庭倫理情感的孝，自然可以被放大為國家倫理的忠。漢代帝王所推崇的「以孝治天下」，靠此確立了不可更移的情感基礎。而對士人孝行的考察，也就成為對其政治忠誠度做出合理預測的有效方式。

在漢代，與孝密切相關的一個問題就是當時厚葬之風的盛行。這是因為，自孔子以來，雖然儒家思想者強調情感上對父母親敬的重要性，如孔子云：「今之孝者，是謂能養。至於犬馬，皆能有養；不敬，何以別乎？」〔註125〕但是，在漢代察舉取士的背景下，孝卻必須訴諸感性直觀才能使其功利價值得到充分的實現。這種孝行的功利化，意味著它不僅僅是一個對父母的情感問題，而且是必須向公眾進行道德展示、甚至表演的問題。士人必須變本加厲地表現自己孝行的特異性，才能使其功利價值得到最大程度的實現。就喪葬而言，一個人能竭其財力為父母舉辦一場盛大的葬禮，這標明他盡孝的道德心戰勝了珍愛財貨的私欲。而且喪禮愈奢華、守孝時間愈長，愈能顯示孝行的不同凡響。

關於漢代厚葬習俗，我們可以從漢代墓葬的規模、墓室的裝飾以及珍藏看出端倪。如大量的明器、畫像磚石、碑刻等。這些歷史遺存與當時的文獻形成了有力的相互印證。桓寬《鹽鐵論》中《散不足》一篇曾有記載（前文已引，此不贅述），又按東漢王符《潛夫論》云：

〔棺槨〕京師貴戚，必欲江南檽梓豫章梗柟；邊遠下土，亦競相仿傲。……工匠雕治，積累日月，計一棺之成，功將千萬。……東至樂浪，西至敦煌，萬里之中，相競用之。此之費功傷農，可為痛心。

〔墳塋〕今京師貴戚，郡縣豪家，生不極養，死乃崇喪。或至刻金鏤玉，檽梓梗柟，良田造塋，黃壤致藏，多埋珍寶偶人車馬，造起大冢，廣種松柏，盧舍祠堂，崇侈上僭。寵臣貴

〔註123〕《孝經‧天子章》。
〔註124〕《孝經‧士章》。
〔註125〕《論語‧為政》。

戚，州郡世家，每有喪葬，都官屬縣，各當遣吏齎奉，車
馬帷帳，貨假待客之具，競爲華觀。〔註126〕

　　在王室貴族的引領下，厚葬遂成爲一般士人、百姓競相攀比的目標。如
光武帝建武七年詔書云：「世以厚葬爲德，薄終爲鄙，至於富者奢僭，貧者
殫財，法令不能禁，禮義不能止。」〔註127〕漢明帝永平十二年詔書云：「今
百姓送終之制，競爲奢靡。生者無擔石之儲，而財力盡於墳土；伏臘無糟糠，
而牲牢兼於一奠。糜破積世之業，以供終朝之費；子孫飢寒，絕命於此。」
〔註128〕在此，死的重要性似乎徹底壓倒了生的重要性。

　　喪葬，就其本質而言，就是人如何安置自己或親屬已失去生命的身體。
而身體的處置又牽扯到人的身體觀、社會倫理及經濟學上的諸多問題。比如，
從哲學層面講，如果人相信身體的死亡就是生命無可挽回地消失，或者肉體
只是靈魂無足輕重的載具，那麼厚葬就不但毫無必要，而且還會成爲靈魂順
利飛升的障礙。相反，如果相信身體的死亡只是生命以另一種方式繼續存在，
那麼厚葬就是爲死者在另一個世界裏幸福生活提供必要的物質儲備。在漢
代，漢文帝之所以選擇薄葬，甚至楊王孫選擇裸葬，應有前一種身體認知作
爲理論背景。而漢代從皇室貴族到一般士人之所以更熱衷厚葬，則與當時儒
學的神學化以及將孝道具體到人的身體髮膚有關。從社會倫理層面講，喪葬
是生者寄託哀思的方式，更是其標舉孝心、彰顯身份和獲得社會美譽的重要
手段。在此，逝者的死亡爲生者提供了一個藉以自我表演、實現各種現實功
利目的的契機。王符云：「崇飭喪紀以言孝，盛饗賓旅以求名。」〔註129〕這正
是漢代士人爲父母厚葬的重要心理動因。另外，從經濟層面看，漢代是中國
歷史上著名的盛世，國力強大，經濟繁榮，這使朝中官宦、地方豪強有足夠
的財力舉辦奢華的葬禮。而一般士人、平民百姓受這種來自上流社會的影響
和心理促迫，也必然要傾其所有，以超出自己承受能力的厚葬給父母一個安
頓，給自己一個體面。

　　但是，這種厚葬之風到曹魏時期卻發生了根本的逆轉。曹操臨終前曾下
令云：「古之葬者，必居瘠薄之地。其規西門豹祠西原上爲壽陵，因高爲基，

〔註126〕《潛夫論・浮侈》。
〔註127〕《後漢書・光武帝紀》。
〔註128〕《後漢書・明帝紀》。
〔註129〕《潛夫論・浮侈》。

不封不樹。」〔註130〕又按《晉書》記云：「（曹操）豫自製送終衣服四篋，題識其上，春秋冬夏，日有不違，隨時以斂。金珥珠玉銅鐵之物，一不得送。」〔註131〕到魏文帝、明帝時期，這種充分簡化的喪制得到了有效的維持。如曹丕「受禪」建立曹魏政權後，曾爲曹操追加尊號，重授金璽。但並沒有打開曹操的墓門將金璽放置進去，「漢禮明器甚多，自是皆省也。」〔註132〕曹丕去逝前，又親自規定自己的葬制云：「因山爲體，無封無樹，無立寢殿，造園邑，通神道。……爲棺槨足以朽骨，衣衾足以朽肉而已。」〔註133〕此後，司馬氏建立晉朝，薄葬之制一直延續。如《晉書》記云：「宣帝豫自於首陽生爲土葬，不封不樹，作《顧命終制》，斂以時服，不設明器。文、景皆謹奉成命，無所加焉。景帝崩，喪事制度，又依宣帝故事。」〔註134〕到了晉武帝司馬炎，又下詔書云：「昔舜葬蒼梧，農不易畝；禹葬會稽，市不改肆。上惟考清簡之旨，所徙陵十里內居人，動爲煩擾，一切停之。」〔註135〕

魏晉時期統治者的薄葬對民間葬俗形成了重要影響。這種影響既來自統治者的率先垂範，也來自官方的禁令。如《宋書》記云：「漢以後，天下送死奢靡，多作石室石獸碑銘等物。建安七年，魏武帝以天下凋弊，下令不得厚葬，又禁立碑。」〔註136〕晉武帝咸寧四年，司馬炎曾專門下過一道禁止在墓前樹立石獸碑銘的禁令。其中講道：「此石獸碑表，既私褒美，興長虛僞，傷財害人，莫大於此；一禁斷之。其犯者雖會赦令，皆當毀壞。」〔註137〕今天看來，這種自魏及晉（直至南朝）一直延續的禁令，其效果是顯而易見的。比如，後世極少見到這一時期有大型的墓葬遺存，上至天子下至王公貴族的墓地，今天大多已難覓蹤迹。再如碑刻之風盛行於漢代，到東漢後期達至極盛狀態，但這種通過勒石使逝者流芳百世的做法，到魏晉大有戛然而止的趨勢。後世的中國書法史研究，在兩漢碑學和魏晉帖學之間，可以看到這種涇渭分明的界限。《宋書》中曾記載過一則魏末禁碑的軼事。其中講道，魏高貴鄉公（曹髦）甘露二年，大將軍參軍王倫去世。他的哥哥王俊爲

〔註130〕《三國志·魏書·武帝紀》。
〔註131〕《晉書·志》第十《禮》中。
〔註132〕《晉書·志》第十《禮》中。
〔註133〕《三國志·魏書·文帝紀》。
〔註134〕《晉書·武帝紀》。
〔註135〕《宋書》卷十五《志》第五。
〔註136〕《宋書》卷十五《志》第五。
〔註137〕《宋書》卷十五《志》第五。

記其功德，曾作《表德論》。但因懼怕觸犯朝廷禁令，只好將銘文鐫刻於墓穴的內側。〔註138〕

　　魏晉薄葬之風的興起，當與以下原因有關：首先，漢末連年戰亂，加上瘟疫流行，使國家經濟遭到嚴重破壞。如《晉書》記云：「及董卓死，李傕、郭汜自相攻伐，於長安城中以爲戰地。是時穀一斛五十萬，豆麥二十萬，人相食啖，白骨盈積，殘骸餘肉，臭穢道路。」「魏武之初，九州雲擾，攻城掠地……於時袁紹軍人皆資椹棗，袁術戰士取給蠃蒲。」〔註139〕正是經歷過這樣的大饑荒，魏晉時期的開國之君一般崇尚節儉。如曹操「雅性節儉，不好華麗，後宮衣不錦繡，侍御履不二採，帷帳屏風，壞則補納，茵蓐取溫，無有緣飾。」〔註140〕他自己的穿戴更是趨於簡易。如《三國志》錄傅玄語云：「魏太祖以天下凶荒，資財乏匱，始擬古皮弁，裁縑帛以爲帢，以易舊服。」〔註141〕可以認爲，只有經歷過大饑荒的人，才會切身感受到財貨米糧的珍貴。生者尚不能盡養，卻要浪費大量財物去爲死者厚葬，當然是不能容忍的。

　　其次，魏晉開國之君，大多生活於戎馬倥傯之中，前朝費時耗神的厚葬之禮（如三年之喪），顯得極不合時宜。如曹操遺令云：「天下尚未安定，未得遵古也。……百官當臨殿中者，十五舉音，葬畢便除服。其將兵屯戍者，皆不得離屯部。」〔註142〕蜀國劉備駕崩時，也是「群臣發喪，滿三日除服」。〔註143〕其後，晉文帝司馬昭去世，他的兒子司馬炎遵照曹魏政權的舊制，「國

〔註138〕如《宋書》記云：「魏高貴鄉公甘露二年，大將軍參軍太原王倫卒，倫兄俊作《表德論》，以述倫遺美，云『祗畏王典，不得爲銘，乃撰錄行事，就刊於墓之陰云爾』。」（見《宋書》卷十五《志》第五）。

〔註139〕《晉書·食貨志》。另據陳壽《三國志·魏書·程昱傳》注引《世說新語》，當時曹操的軍隊因爲缺糧，曾以人肉爲脯。如其中言：「初，太祖乏食，昱（程昱）略其本縣，供三日糧，頗雜以人脯。」

〔註140〕《三國志·魏書·武帝紀》裴松之注引王沈《魏書》。

〔註141〕《三國志·魏書·武帝紀》裴松之注引《傅子》。引文中的「裁縑帛以爲帢」，《宋書·五行志》紀爲「裁縑帛以爲白帢。」對於這種白帽子，西晉時期的傅玄曾批評道：「白乃軍容，非國容也。」這是講其帽色不合禮制。在《宋書·五行志》中，曹操的著裝被列於「服妖」之首，下有魏明帝的「著繡帽，被縹紈半袖」、何晏的「好服婦人之服」以及當時女性服裝種種有違禮制的狀況。從這種情況看，曹操的著裝雖然意在節儉，但也反映了他的不拘禮儀和「尚通脫」。這種「通脫」發展下去，對魏晉士人的放達之風實有開啓作用。

〔註142〕《三國志·魏書·武帝紀》。

〔註143〕《晉書·志》第十《禮》中。

內行服三日……既葬除喪」，但爲了寄託哀思，仍然保留了深衣素冠的孝服，在膳食上有所減損。但對於這種已簡化到極點的紀念方式，他手下的大臣仍認爲不妥，並進諫道：

> 禮典軌度，豐殺隨時……方今荊蠻未夷，庶政未乂，萬機事殷，動勞神慮。豈遑全遂聖旨，以從至情，加歲時變易，期運忽過，山陵彌遠，攀慕永絕。臣等以爲陛下宜回慮割情，以康時濟治。

> 今者干戈未戢，武事未偃，萬機至重，天下至眾。陛下以萬乘之尊，履布衣之禮，服粗席槁，水飲蔬食，殷憂內盈，毀損外表，而躬勤萬機，坐而待旦，降心接下，反不遑食，所以勞力者如斯之甚。是以臣等悚息不寧，誠懼神氣用損，以疚大事。〔註144〕

群臣所諫主要涉及兩點：一是適逢亂世，帝王不必拘於布衣之禮，否則會耽誤軍國大事；二是帝王爲守孝而「服粗席槁，水飲蔬食」，加上內心哀痛，必然會傷及身體，從而給國家帶來危機。

但是，從根本意義上講，魏晉時期薄葬習俗的出現，其原因既不在於經濟，也不在於軍事與政治，而在於這一時期對人的本質與價值有新的認識。漢末戰亂和疫疾的流行，使人前所未有地理解了生命的無助和脆弱，以及最終必歸於塵土的實質。如曹操《龜雖壽》詩云：「神龜雖壽，猶有竟時。騰蛇乘霧，終爲土灰。」又如曹植《贈白馬王彪》詩云：「人生處一世，去若朝露稀。年在桑榆間，影響不能追。……虛無求列仙，松子久吾欺。變故在斯須，百年誰能持？」從這些詩文及言論可以看到，時代的災難和創痛使人回覆到了對身體實存的關注和對當下生命的充分消費與佔有。這種傾向，使魏晉時代體現出一種英雄主義、感傷主義、享樂主義交並混雜的情感格調。這種情感格調被後人稱爲人的覺醒。而所謂的人的覺醒，無非是充分認識到了個體生命和身體存在的本己性，從而將與此無關的一切僞飾和虛榮悉皆袪除。

由此看從兩漢至魏晉喪葬制度的變化，除了政治和經濟的客觀原因，更重要的是人的生命和身體觀念發生了根本逆轉。比如，如果人們認定此世的死就是來世的生，那麼厚葬作爲一種對來世生活的物質儲備，就是可以理解的；如果人們認定對死者的追憶比追求當下的幸福更重要，那麼，三年之喪也就有其存在的理由。但在魏晉時期，人們認識到了人死必化爲「土灰」或「糞壤」的本質，對死者的孝也讓位給生者圖存求生的「要路津」。在這種背

〔註144〕《晉書·志》第十七《五行》上。

景下，傳統以厚葬標舉的孝就是一種爲「土灰」或「糞壤」無端浪費財物的愚蠢，所謂的三年之喪就是一種「以生殉死」的大愚昧。正是因爲這種對死亡認識的變化，我們在魏晉時期不難看到一種「先行到死」式的無畏和理智。如曹操死前即爲自己預置了斂服，他的死亡是被自己操持的。魏文帝認爲，喪葬的眞義不是築起高墳大冢，讓逝者借死亡而顯揚，而是要將身體隱藏。如其所言：「夫葬者，藏也。欲人不得見也。」〔註145〕晉成帝司馬衍講：「重壤之下，豈宜崇飾無用。陵中唯潔掃而已。」〔註146〕這裡，前者講身體借喪葬而消失，後者講喪葬的唯一要求是陵墓的潔淨衛生。這種對身體的處理，同樣包含著一種自我的珍愛，但這種珍愛與漢代「做給活人看」的厚葬形成了鮮明對比。

二、裸葬與裸體

　　上文，我們討論了兩漢與魏晉葬制的巨大差異，但是，這種差異並不意味他們在身體處置問題上是尖銳對立的，相反，後者依然應被視爲對前者所確立傳統的延續。漢代關於死者身體的處置，存在著兩種傳統，一種本於黃老，一種源於儒家。西漢初年主張節葬，它的著名實踐者就是篤信黃老的漢文帝。這種傳統雖然在漢代不占主流，但「漢文故事」卻長期延續著對後世的影響。如光武帝劉秀曾講：「古者帝王之葬，皆陶人瓦器，木車茅馬，使後世之人不知其處。太宗識終始之義，景帝能述遵孝道，遭天下反覆，而霸陵獨完受其福，豈不美哉！」〔註147〕及其駕崩，則留遺詔云：「朕無益百姓，皆如孝文皇帝制度，務從約省。」〔註148〕此後，他的兒子漢明帝劉莊「遺詔無起寢廟」，〔註149〕孫子漢章帝劉炟也「遺詔無起寢廟，一如先帝法制。」〔註150〕從東漢前期三位帝王節葬的緣起看，光武帝宗述漢文帝，漢明帝宗述光武帝，漢章帝又宗述漢明帝，前後的關係明顯是一種自覺的繼承關係。

〔註145〕《三國志・魏書・魏文帝紀》。曹丕之所以以「藏」解「葬」，與漢魏之際盜墓之風的盛行也大有關係。如其《典論》云：「自古及今，未有不亡之國，亦無不掘之墓也。喪亂以來，漢氏諸陵無不發掘，至乃燒取玉柙金鏤，體骨並盡，是焚如之刑也，豈不重痛哉！禍由乎厚葬封樹。『桑、霍爲我戒』，不亦明乎？」（見《三國志・魏書・文帝紀》）

〔註146〕《宋書》卷十五《志》第五。

〔註147〕《後漢書・光武帝紀》。

〔註148〕《後漢書・光武帝紀》。

〔註149〕《後漢書・顯宗孝明帝紀》。

〔註150〕《後漢書・肅宗孝章帝紀》。

正如王符在其《潛夫論》中講：「文帝藏於芷陽，明帝葬於洛南，皆不藏珠寶，不造廟，不起山陵。陵墓雖卑而聖高。」〔註151〕由此看，雖然厚葬在漢代具有主導性，但薄葬卻依然是一種具有影響力的傳統。

從魏晉時期的葬制看，其薄葬之法基本上也是對漢文帝薄葬遺制的摹仿。比如漢文帝在其遺詔中，「令天下吏民，令到出臨三日，皆釋服。……宮殿中當臨者，皆以旦夕十五舉聲，禮畢罷。」〔註152〕這與魏晉葬制的「舉哀三日」、「十五舉音」是一致的。漢文帝葬霸陵，「霸陵山川因其故，毋有所改」，〔註153〕這就是魏晉帝王常常提到的「因山為體，不封不樹」。從這種情況看，與兩漢時期的厚葬習俗相比，魏晉對人身體的處置之法雖然發生了重大的逆轉，但它卻是從漢代的一種傳統復歸於另一種傳統，即：反對漢儒的厚葬而重歸於黃老的薄葬。

在漢代黃老之葬制中，除漢文帝的薄葬形成縱貫魏晉的影響外，另一個人物也必須給予充分的注意，這就是漢武帝時期「以裸葬矯世」的楊王孫。〔註154〕在中國歷史文獻所記載的形形色色的葬法中，這種直接「以身親土」的身體處置方式，應算是最簡潔、也最難為世俗人情接受的一種。但在漢代，其仿傚者仍不乏其人。現例舉如下：

> （張奐）光和四年卒，年七十八。遺命曰：「吾前後仕進，十要銀艾，不能和光同塵，為讒邪所忌。通塞命也，始終常也。但地底冥冥，長無曉期，而復纏以纊綿，牢以釘密，為不喜耳。幸有前窀，朝殞夕下，措屍靈床，幅巾而已。奢非晉文，儉非王孫，推情從意，庶無咎吝。」〔註155〕

> （盧植）初平三年卒。臨困，敕其子儉葬於土穴，不用棺槨，附體單帛而已。〔註156〕

> （趙咨）將終，告其故吏朱祗、蕭建等，使薄斂素棺，籍以黃壤，欲令速朽，早歸后土，不聽子孫改之。乃勒書子胤曰：「……王孫裸葬，墨夷露骸，皆達於性理，貴於速變。梁伯鸞父沒，卷席而

〔註151〕《潛夫論·浮侈》。
〔註152〕《史記·孝文本紀》。
〔註153〕《史記·孝文本紀》。
〔註154〕楊王孫事迹見於《漢書·楊王孫傳》，上章已有詳論，茲不贅述。
〔註155〕《後漢書》卷六十五《張奐傳》。
〔註156〕《後漢書》卷六十四《盧植傳》。

葬，身亡不反其屍。彼數子豈薄至親之恩，亡忠孝之道邪？況我鄙
暗，不德不敏，薄意內昭，志有所慕，上同古人，下不爲咎。果必
行之，勿生疑異。」〔註157〕

　　比較言之，一般意義上的薄葬更多基於經濟上的考慮，而裸葬這種身體
的處置之法則有其哲學觀念的背景。以東漢趙咨爲例，他選擇裸葬也像楊王
孫一樣，有藉以矯正漢代厚葬之風的強烈意向。如其所言：「華夏之士，爭相
陵尚，違禮之本，事禮之末，務禮之華，棄禮之實，單家竭財，以相營赴。
廢事生而營終亡，替所養而爲厚葬，豈云聖人制禮之意乎？……並棺合槨，
以爲孝愷，豐資重襚，以昭惻隱，吾所不取也。」〔註158〕但是，反厚葬並不
能構成選擇裸葬的充分理由，因爲這種矯枉過正的做法與行乎中道的薄葬相
比，太過悖於人情。或者說，薄葬已將葬儀的花銷控制在了當事人可以承受
的範圍內，如果連一塊裹屍布也要最後撤掉，就只會給人留下以死亡表演邀
現世之名的印象。從這個角度看，裸葬得以成立的根本理由不在經濟，而在
其身體哲學觀。正如趙咨所言：「夫亡者，元氣去體，貞魂遊散，反素復始，
歸於無端。既已消僕，還合糞土。土爲棄物，豈有性情，而欲制其厚薄，調
其燥濕邪？」〔註159〕也就是說，如果認定人死後靈魂已游離了肉體，而肉體
就其本質來講與糞土無異，那麼，爲這種糞土式的「棄物」耗費任何財產都
是愚不可及的。從這種情況看，雖然漢代及後世對裸葬者的肯定大多被限定
在尚儉節用的側面，但是，裸葬的合理性，卻只能建基於從莊子、稷下道家
至漢代黃老的身體死亡觀。

　　魏晉時期玄風大盛，是老莊哲學對士人生活形成強勁影響的時期。除當
時帝王主張薄葬外，這種葬式也在士人階層得到響應，甚至在極端意義上發
展成爲裸葬。如西晉名臣石苞臨終前，曾撰《終制》云：「延陵薄葬，孔子以
爲達禮；華元厚葬，《春秋》以爲不臣，古之明義也。自今死亡者，皆斂以時
服，不得兼重。又不得飯含，爲愚俗所爲。又不得設床帳明器也。定窆之後，
復土滿坎，一不得起墳種樹。昔王孫裸葬矯時，其子奉命，君子不譏，況於
合禮典者耶？」〔註160〕顯然，石苞對楊王孫的裸葬是持肯定態度的，只是因
爲防止時俗之譏，才退而求其次，選擇了薄葬。

〔註157〕《後漢書》卷三十九《趙咨傳》。
〔註158〕《後漢書》卷三十九《趙咨傳》。
〔註159〕《後漢書》卷三十九《趙咨傳》。
〔註160〕《晉書》卷三十三《石苞傳》。

　　與石苞同時代的名士皇甫謐則選擇了裸葬，並對其選擇這種葬式的理由做出了有說服力的解釋。如其《篤終》云：

　　　　人之死也，精歇形散，魂無不之，故氣屬於天；寄命終盡，窮體反真，故戶藏於地。是以神不存體，則與氣升降；尸不久寄，與地合形。形神不隔，天地之性也；尸與土并，反真之理也。今生不能保七尺之軀，死何故隔一棺之土？

　　　　夫葬者，藏也。藏也者，欲人之不得見也。而大爲棺槨，備贈存物，無異於埋金路隅而書表於上也。雖甚愚之人，必將笑之。……自古及今，未有不死之人，又無不發之墓也。〔註161〕

　　皇甫謐給出了選擇裸葬的兩點理由：一是關於身體的認識，即人死後，靈魂隨氣昇天；剩下的屍體「與地合形」，是返回自然之真的最佳途徑。二是考慮到死後的安處問題。也就是說，如果有大量的陪葬品，必然會招來盜賊，最終「剝臂捋金環，捫腸求珠玉」，落個體無完屍的下場。根據這種哲學和現實的考慮，皇甫謐向自己的兒子提出了如下要求：

　　　　吾欲朝死夕葬，夕死朝葬，不設棺槨，不加纏斂，不修沐浴，不造新服，殯唅之物，一皆絕之。……氣絕之後，便即時服，幅巾故衣，以籧篨裹屍，麻約二頭，置尸床上。擇不毛之地，穿阬深十尺，長一丈五尺，廣六尺。阬訖，舉床就阬，去床下尸。……籧篨之外，便以親土。土與地平，還其故草，使生其上，無種樹木、削除，使生迹無處，自求不知。……形骸與后土同體，魂爽與元氣合靈，真篤愛之至也。〔註162〕

　　人本源於自然，死後也應以最簡單的方式復歸於自然。這種對生命的看法，意味著裸葬是人最明智的身體處置方式，也意味著中國道家的身體哲學具有指導人現實身體實踐的功能。被這種哲學指導的死亡實踐，雖然有時可能讓生者感到哀無所寄，情何以堪，但卻展示了一幅深具審美意味的圖景——死者身與土化，在世間不留任何痕迹，這正是人生在來去無迹中展示的潔淨；死者的身軀消失於泥土，卻又以泥土的方式滋養著周圍的花草樹木。在此，美麗的自然似乎成了人體的接續者，所謂人向自然的生成在此獲得了最感性、最直觀的形式。

〔註161〕《晉書》卷五十一《皇甫謐傳》。
〔註162〕《晉書》卷五十一《皇甫謐傳》。

魏晉時期，與死時裸葬一致，生時裸體也是當時名士的一大時尚。如史籍記云：

> 魏末阮籍，嗜酒放荒，露頭散髮，裸袒箕踞。其後貴游子弟阮瞻、王澄、謝鯤、胡毋輔之徒，皆祖述於籍，謂得大道之本。故去巾幘，脫衣服，露醜惡，同禽獸。甚者名之為通，次者名之為達也。〔註163〕

> （光逸）初至，屬輔之與謝鯤、阮放、畢卓、羊曼、桓彝、阮孚散髮裸裎，閉門酣飲已累日。逸將排戶入，守者不聽，逸便於戶外脫衣露頭於狗竇中窺之而大叫。輔之驚曰：「他人決不能爾，必我孟祖也。」遽呼入，遂與飲，不捨晝夜。時人謂之八達。〔註164〕

> （王忱）性任達不拘，末年尤嗜酒，一飲連月不醒，或裸體而游，每歎三日不飲，便覺形神不相親。婦父嘗有慘，忱乘醉弔之，婦父慟哭，忱與賓客十許人，連臂被髮裸身而入，繞之三匝而出。其所行多此類。〔註165〕

> 劉伶恒縱酒放達，或脫衣裸形在屋中。人見譏之，伶曰：「我以天地為棟宇，屋室為褌衣，諸君何為入我褌中？」〔註166〕

對於這種「露醜惡，同禽獸」的行徑，當時知識界一般持批判態度，後世則更重視其反名教的叛逆精神。〔註167〕但就裸體與裸葬的關聯而言，卻可以從中發現一種哲學化生存、在處理生死問題上所表現出的前後一貫性。顯然，如果認定人的一生不過是赤裸裸地來到人世，最終又赤裸裸地離開這個世界，那麼，人們也就有充分的理由選擇一種剝去一切文明「偽裝」的自然生活方式。也就是說，在赤裸地誕生與裸露地死亡之間，人們可以以裸露的

〔註163〕《世說新語・德行》注引王隱《晉書》。
〔註164〕《晉書》卷四十九《光逸傳》。
〔註165〕《晉書》卷七十五《王忱傳》。
〔註166〕《世說新語・任誕》。
〔註167〕魏晉時期，除了士人以裸飲為放達之外，貴族階層也確實存在著借裸飲縱慾的禽獸之行。如《宋書・五行志》記云：「晉惠帝元康中，貴游子弟相與為散髮裸身之飲，對弄婢妾。」與此相對，士人的縱酒似乎存在著一種酒、色之間的道德邊界。如《世說新語・任誕》記阮籍云：「阮公鄰家婦，有美色，當壚酤酒。阮與王安豐常從婦飲酒。阮醉，便眠其婦側。夫始殊疑之，伺察，終無他意。」由此看，放達與放縱、自由與罪惡，在當事者的取捨之間，仍表現出判然有別的二重性。

方式度過這個從生到死的生命過程。在魏晉時期,這種「一裸貫生死」的人物並不鮮見。像劉伶,不但縱酒放達,脫衣裸形,而且也是一個「裸葬主義」者。如《晉書》記云,他「常乘鹿車,攜一壺酒,使人荷鍤而隨之,謂曰:『死便埋我。』」〔註168〕

法國 16 世紀思想家蒙田說過:「學習哲學就是學習死亡。」在中國歷史上,正是因為先秦道家、漢代黃老之學給了死亡一種自然化的理論解釋,所謂的裸葬才是合理的。同時,也正是因為人以赤身裸體接受死亡是合理的,也反過來啟迪人們可以同樣以赤裸的身體面對現實。從這個角度看,從兩漢至魏晉,由漢文帝和楊王孫分別開啟的薄葬和裸葬傳統,不但使這兩個看似迥異的時代體現出歷史的連續性,而且對這種死亡哲學的實踐鑄成了魏晉士人「向死亡看齊」的在世觀。也就是說,既然可以裸體地死,當然也可以裸體地生。這種「一裸貫生死」,使道家身體哲學在魏晉時期表現出前所未有的徹底性,也使儒家基於衣冠和喪葬之禮的文明倫理遭遇到了前所未有的挑戰。

三、遊仙與煉丹

自漢代的楊王孫至魏晉的皇甫謐,雖然身體的死亡被視為人的自然生命的徹底終結,但人屬靈的側面,或者說人的靈魂續存的可能性並沒有因此被否定。如楊王孫云:「精神者天之有也,形骸者地之有也。精神離形,各歸其真。」〔註169〕這明顯是將人的身體分成了靈與肉、精神與形骸兩部分。也就是說,裸葬只是讓人的肉體化為泥土,而精神這一屬靈的部分則可以脫離肉體的鉗制而繼續存在。皇甫謐在其《篤終》中也講:「人之死也,精歇形散,魂無不之,故氣屬於天;寄命終盡,窮體反真,故尸藏於地。是以神不存體,則與氣升降;尸不久寄,與地合形。」在此,天、氣、魂與地、形、屍分屬於理解人體的兩個系統。即:人的靈魂屬於天,它可以脫離肉體與氣升降,繼續在天空飄浮;人的肉體屬於地,它只有與地合形才能反於自然之真。這種身體觀意味著,雖然裸葬者看似對人死後可達的世界不抱任何希望,但他們依然以靈魂的續存昭示著一種可能性,即:死亡僅僅是肉體的終結,而靈魂則正可以通過對肉體的脫離而獲得永生。同時,在日常狀況下,人的靈魂因被肉體所拘而不得自由,這時,肉體的死亡反而成了靈魂上天入地、擺脫

〔註168〕《晉書》卷四十九《劉伶傳》。
〔註169〕《漢書·楊王孫傳》。

一切拘滯的途徑。這種靈對肉的脫離在漢魏時期被稱爲尸解，其生成的人的另一種存在形式就是神仙。〔註170〕

　　漢末的戰亂和疫疾，使那一時代的人發現了生命虛無的本質，也使及時行樂成爲那一時代主導性的生活信條。但是，人是一個矛盾的綜合體。更多時候，人愈是極時行樂，愈易體驗到生命的空幻，並進而激發起對神仙世界的追慕和嚮往。這種人性的矛盾鑄就了魏晉身體美學的複雜性，即：一方面從理智上否認人超越自身局限的任何可能性，所以乾脆「一裸貫生死」；另一面在情感上卻難以遏制超越的渴望，從而使遊仙和長生依然成爲這一時代的重要主題。

　　漢末至魏晉，是中國歷史上盛產遊仙詩的時代。像漢樂府中的《長歌行》、《董逃行》、《善哉行》、《隴西行》、《豔歌》，曹操的《駕六龍》、《氣出倡》，曹丕的《折楊柳行》，曹植的《平陵東行》、《遊仙詩》、《升天行》，何劭的《遊仙詩》，嵇康的《五言詩》、《代秋胡歌詩》其六、《四言詩》其十，阮籍《詠懷詩》中的部分篇章，郭璞的《遊仙詩》十九首等，在其中具有代表性。比較言之，秦漢時期人與仙或仙人居處的關係，是現實性的。像秦皇漢武都把方術之士杜撰的仙界作爲實際尋找的對象，另像劉向的《列仙傳》、魏伯陽的《周易參同契》、于吉的《太平經》所記的仙境、仙事，也是以幻爲信的。魏晉的遊仙詩繼承了這一主題，同樣將達至仙境作爲人生在世的最高理想。但是，與前者的「以幻爲信」不同，後者得到的更多是馳騁想像的快意，而不是去追問它是否有在現實中兌現的可能性。甚而言之，詩意的美好想像只能讓人意識到它與現實的黑暗和局促之間，存在著難以跨越的距離，而不是兩者之間因此貼的更近。曹植說「遺情想像，顧望懷愁」，正是在講關於洛神的想像與現實之間不可調和的對立。從這個角度看，魏晉遊仙詩人關於神仙世界的暢想，爲人提供的是一個想像的身體圖景。在這一世界中，詩人身體生翼，輕舉浮雲，凌厲五嶽，忽行萬億，而這種想像是否能在現實中兌現，並不是他們可以解決的問題。

　　但是，遊仙詩提供的這種玄遠迷離的詩意圖景，是有召喚性的。從史料

〔註170〕但必須注意的是，這種以靈魂形式存在的神仙依然是身體性的。這是因爲，中國哲學將氣分爲清濁和精粗，一般人是清濁之氣混合式的凝聚，神仙則是精、清之氣的凝聚。所以從人向仙的變化，不是徹底去身體，而是獲得一種更純粹的身體。中國道教一般用「蟬蛻」比喻人體與仙體的關係，其意義正在於此。

看，與漢魏之際對神仙世界既疑且慕的矛盾心態不同，到兩晉時期，它作為信仰有復活的迹象。像嵇康，不僅寫了大量的遊仙詩，而且他自己也採藥山澤、結交隱逸之士，對神仙道術深信不疑。如其所言：「夫神仙雖不目見，然記籍所載，前史所傳，較而論之，其有必矣。」〔註171〕稍後的另一位著名人物郭璞，更是以遊仙詩名垂史冊，並試圖從理論上解決神仙的實存問題。如其論《山海經》云：

> 世之覽《山海經》者，皆以其閎誕迂誇，多奇怪俶儻之言。莫不疑焉。嘗試論之曰，莊生有云：「人之所知，莫若其所不知。」吾與《山海經》見之矣。夫以宇宙之寥廓，群生之紛紜，陰陽之煦蒸，萬殊之區分，精氣混淆，自相濆薄，遊魂靈怪，觸象而構，流形於山川，麗狀於木石者，惡可勝言乎？然則總其所以乖，鼓之於一響，成其所以變，混之於一象。世之所謂異，未知其所以異；世之所謂不異，未知其所以不異。何者？物不自異，待我而後異。異果在我，非物異也。故胡人見布而疑黂，越人見罽而駭毳。蓋信其習見而奇所希聞，此人情之常蔽也。〔註172〕

在這段話中，郭璞將人們對神仙的懷疑歸於人知識的有限性。在他看來，人之所以不信神仙，並不是因為神仙不存在，而是因為神仙存在的區域和方式超越了人的認知經驗。所以真正應該做的不是對神仙的存在輕易下判斷，而是克服無知，對人的認識範圍進行拓展。另外，為了證明《山海經》所言非虛，郭璞又搬出了西晉太康二年被盜墓者發現的《汲郡竹書》（尤其是其中的《穆天子傳》）作為史證。〔註173〕在中國這樣一個凡事重史的國家，《穆天子傳》在西晉時期的發現，無疑對當時的神仙家起了重要的鼓舞作用。正是基於這種理論的合理性和歷史的實證性，郭璞認定，人神並非道殊，神仙並非異類，它與現實的關係是一體之變的關係；神仙世界是實存的，真正的「達觀博物之客」可以靠自己的識見和努力，將看似虛幻的神仙世界化為經驗的現實。

〔註171〕嵇康：《養生論》。見《文選》卷第五十三。

〔註172〕郭璞：《注山海經敘》。見袁珂：《山海經校注》，上海古籍出版社 1980 年版，第 478 頁。

〔註173〕據《晉書》卷五十一《束晳傳》載：「（西晉）太康二年，汲郡人不准盜發魏襄王墓，或言安釐王冢，得竹書數十車。……《穆天子傳》五篇，言周穆王遊行四海，見帝臺、西王母。」

按照郭璞的看法，神仙世界是實存的，仙境是可達的。這裡要進一步追問的問題是，人們遊仙的根本目的是什麼？從中國社會早期的神話（如嫦娥奔月），到秦漢時期的求仙實踐（如秦始皇、漢武帝），再到魏晉時期的遊仙詩，可以看到的一個基本主題，就是求取仙藥以使人擺脫死亡的糾纏。也就是說，遊仙的目的看似是對身體活動空間的拓展，但根本意義上則是身體存在時間的無限延長。如嵇康詩云：「人生壽促，天地長久。百年之期，孰云其壽。思欲登仙，以濟不朽。」〔註174〕其中「思欲登仙，以濟不朽」一句，明確指出了空間性的遠遊只不過是一種前奏或手段，「不朽」才是遊仙者試圖解決的根本問題。

那麼，人如何可以達至不朽？從中國兩漢至魏晉的神仙故事及遊仙詩看，雖然神仙家爲人設定了尸解、羽化等多種途徑，但眞正能爲人接受的還是如何通過藥物服食延年益壽、并最終達至不朽。這是因爲，無論尸解和羽化，都無法迴避人肉身死亡的事實，至於死後是否尸解或羽化，並不能得到現實的驗證。關於漢代藥物服食的狀況，上章已有詳論。從史料看，這種由黃老道家發展起來的傳統在魏晉時期得到了有效的延續。如張華《博物志》記曹操云：「（太祖）好養性法，亦解方藥，招引方術之士，盧江左慈、譙郡華佗、甘陵甘始、陽城郤儉無不畢至。又習啖野葛至一尺，亦得少多飲鴆酒。」〔註175〕由於曹操迷信此道，服食導引一時成爲風氣。如曹丕記當時「盛況」云：

> 潁川郤儉能辟穀，餌伏苓。甘陵甘始，亦善行氣，老有少容。盧江左慈，知補導之術，並爲軍吏。初，儉之至，市伏苓價暴數倍。議郎安平李覃學其辟穀，餐伏苓，飲寒水，中泄痢，殆至隕命。後始來，眾人無不鴟視狼顧，呼吸吐納。軍謀祭酒弘農董芬爲之過差，氣閉不通，良久乃蘇。左慈到，又競受其補導之術，至寺人嚴峻，往從問受。閹豎眞無事於斯術也，人之逐聲，乃至於是。〔註176〕

在魏晉試圖通過藥物服食達至不朽的士人中，嵇康和葛洪具有代表性。嵇康是魏晉名士，爲司馬氏所殺。他的哥哥嵇喜曾爲其作傳云：「（康）少有俊才，曠邁不群，……長而好老、莊之業，恬靜無欲。性好服食，嘗採御上藥。……以爲神仙者，稟之自然，非積學所致。至於導養得理，以盡性命，

〔註174〕嵇康：《四言贈兄秀才入軍詩十八首》其七。
〔註175〕《三國志・魏書・武帝紀》裴松之注引張華《博物志》。
〔註176〕曹丕：《典論・論方術》。見嚴可均《全三國文》卷一。

若安期、彭祖之倫，可以善求而得也。」〔註 177〕從嵇康《養生論》看，他有一套完整的養生理論。其主旨是老莊哲學的清靜無為，藥物服食是其中的輔助手段。但是在魏晉亂世，清靜卻是最難求的。不但上層統治者無法擺脫世務的纏繞，即便一般士人想置之度外也非易事。在這種背景下，借藥物求長生，對嵇康一類的正統道家而言雖視為末事，但它卻可以最直接、最迅捷地滿足人的長生大願。

葛洪，東晉著名道教學者，其《抱朴子內篇》是漢魏以來神仙、丹術的集大成之作。這本書主要解決兩個問題：第一個是世間有無神仙和神仙是否長生不死。對於這一問題，葛洪的論證與郭璞大致相同，此不贅述。第二個問題是人如何長生不死。對於這一問題，葛洪特別提到了「神丹」，即「服神丹令人壽無窮已，與天地相畢，乘雲駕龍，上下太清」。〔註 178〕

那麼，神丹是什麼？按《說文》：「丹，巴越之赤石也。」雖然我們不能據此明白什麼是神丹，但有一點是肯定的，即：這是一種礦物，而非一般草木。進而言之，礦物作為藥材，只有煉製成顆粒或粉末狀，才能為人服用，所以神丹是經高溫煉製的礦物。如葛洪云：「夫金丹之為物，燒之愈久，變化愈妙。黃金入火，百鍊不消，埋之，畢天不朽。服此二物，煉人身體，故能令人不老不死。」從這段話看，神丹由黃金和丹砂混合煉製而成。〔註 179〕其中，黃金「百鍊不消」，預示著它具有不朽的特性；加入丹砂後即可「變化愈妙」，則意味著這種丹砂與黃金的化合物，兼具了不朽、變化、可服用的多重特性，比黃金更高妙。由此可以看到，所謂神丹之神，是煉製過程中的變化之神，是使堅硬的黃金變得可以食用之神，也是使人可以借黃金的堅固耐久而達至不朽之神。

葛洪的「服神丹令人壽無窮已」之論，在今人看來是愚不可及的，而且自漢代以來就有服食者（如魏伯陽）因鉛汞中毒而死的例子。〔註 180〕但是，在中國哲學中，這種長生實踐卻有其理論依據。比如，在葛洪看來，自然界

〔註 177〕《三國志·魏書·嵇康傳》裴松子注引嵇喜《嵇康傳》。
〔註 178〕《抱朴子內篇·金丹》。
〔註 179〕從史籍看，所謂的丹砂即鉛汞之類熔點極低的礦物。如葛洪云：「丹砂燒之成水銀，積變又還成丹砂。」（《抱朴子內篇·金丹》）又如《道樞》記東漢道士魏伯陽云：「（魏伯陽）遊於長白之山，而遇真人告以鉛汞之理。」（曾慥：《道樞》卷第三十四。）
〔註 180〕參見葛洪：《神仙傳》卷二《魏伯陽》。

的堅固耐久之物，可以使人的體質得到相應的強化，即所謂「服金者壽如金，服玉者壽如玉」。〔註181〕相反，自然界裏的脆弱短命之物對人身體的幫助，則必然要大大弱化。如其所言：「草木之藥，埋之即腐，煮之即爛，燒之即焦，不能自生，何能生人乎？」〔註182〕根據這種理論，葛洪極端推崇以丹砂爲引、以黃金爲質的金丹，認爲黃金「百鍊不消」、「畢天不朽」的特質必能將人帶入不死之仙境。如他所言：

> 不得金丹，但服草木之藥及修小術者，可以延年遲死耳，不得仙也。或但知服草藥而不知還年之要求，則終無久生之理也。〔註183〕

> 不得大藥，但服草藥，可以差於常人，不能延其大限也。〔註184〕

> 夫五穀猶能活人，人得之則生，絕之則死，又況於上品之神藥，其益人豈不萬倍於五穀耶？〔註185〕

> 仙藥之大者，莫先於金丹。〔註186〕

葛洪之所以稱金丹爲「仙藥之大者」，無非是因爲它能滿足人在世間的最大願望，即長生久視；而草藥之所以被輕視，則無非因爲它只能爲人的存在提供有限的保證。據此，葛洪根據藥物的材質（堅硬度和耐久度）排出了一個有趣的序列：

> 仙藥之上者丹砂，次則黃金，次則白銀，次則諸芝，次則五玉，次則雲母，次則明珠，次則雄黃，次則太乙禹餘糧，次則石中黃子，次則石桂，次則石英，次則石腦，次則石硫黃，次則石粘，次則曾青，次則松柏脂、茯苓、地黃、麥門冬、木巨勝、重樓、黃連、石韋、楮實、象柴、一名托盧是也。〔註187〕

在這個序列中，丹砂因其神變而列於首位，以此象徵從人向仙超越的神奇；黃金、白銀因其質地堅硬耐久而列於次位，以此表明人可藉此壽如金石、長生不死。再次是礦物、氫氧化物直至植物。這中間，藥物的質地愈趨於脆弱、鬆軟，所能解決的身體問題愈趨於浮淺、表面。

〔註181〕《抱朴子內篇・仙藥》。
〔註182〕《抱朴子內篇・金丹》。
〔註183〕《抱朴子內篇・極言》。
〔註184〕《抱朴子內篇・極言》。
〔註185〕《抱朴子內篇・極言》。
〔註186〕《抱朴子內篇・遐覽》。
〔註187〕《抱朴子內篇・仙藥》。

　　以上是葛洪關於丹藥煉製及藥性的大致認識。從史料看，這種借自然獲得生之不朽的實踐在漢代已有很大的發展，並體現出逐步走向完善、成熟的嬗變特徵。如秦始皇派人到海人尋找不死之藥，這是將長生的希望寄予遠方世界和仙藥的自然生成。到漢武帝時期，雖然海上尋仙仍具有主導性，但隨著煉金術的發展，人工煉丹開始出現。如司馬遷《史記‧孝武本紀》記云：

　　　　少君言於上曰：「祠竈則致物，致物而丹砂可化爲黃金，黃金成
　　　　以爲食器則益壽，益壽而海中蓬萊仙者可見，見之以封禪則不死，
　　　　黃帝是也。」……於是天子始親祠竈，而遣方士入海求蓬萊安期生
　　　　之屬，而事化丹沙諸藥齊爲黃金矣。

　　這段話代表了求黃金與求長生、海上尋仙與人工冶煉的奇妙混合，體現出從煉金向煉丹變化的過渡性特徵。一般而言，古人冶煉黃金有兩個動機，一是富貴，二是長生。但在中國，由於煉金術士多出於道家，而道家重生輕利，所以求富向來不是中國煉金術士的目的。同時，由於冶煉黃金需要大量前期投入，它必須有來自皇室貴族的資助。這些貴族所缺乏的不是金錢，所以借煉金術一夜暴富對他們也難以構成真正的吸引力。在這種背景下，身體的長治久安就成爲中國煉金術主導性、甚至惟一性的任務，所謂的「煉金」其實集中於以煉製仙藥爲目的的「煉丹」。關於這種轉向在漢代的表現，可參照桓譚如下一段有趣的記載：

　　　　哀帝時，有老人范蘭，言年三百歲。初與人相見，則喜而相應
　　　　合；再三，則罵而逐人。史子心見署爲丞相史，官架屋，發吏卒及
　　　　官奴婢以給之，作金，不成。丞相自以力不足，又白傅太后。太后
　　　　不復利於金也，聞金成可以作延年藥，又甘心焉。乃除之爲郎，舍
　　　　之北宮，中使者待遇。〔註188〕

　　引文中傅太后的需要，正是煉金向煉丹轉換的精神動力。可以認爲，在兩漢至魏晉提供的解決死亡問題的諸種方案中，建基於「神仙可學，仙藥可成」信念上的煉丹術可能是最理想的。首先，這種丹藥不是神的賜予，而是人的自生產，這意味著人掌握自己生死命運的可能性。其次，遊仙以關於身體的想像使人得到慰藉，這明顯帶有自欺欺人的性質。而丹藥煉製正是將這種虛幻的想像化爲現實的努力。第三，人借丹藥長生，既包括靈魂，也包括

────────────

〔註188〕《新論‧辨惑》。

速朽的肉體。即所謂「久視不死，而舊身不改」。〔註189〕這種身體的整體在場，使其比漢代道家的尸解理論更具有完滿性。據此可以看到，從秦漢時期的海上尋仙，到魏晉時期的遊仙以及煉丹實踐，一個貫穿始終的主題，就是對身體不朽的可能性進行探究的問題。這種不倦的探究使歷史體現出連續性，也使魏晉美學體現出鮮明的理想主義特性。

四、藥與酒

秦漢以來，對神仙的信仰表達了當時人自我超越的期許。這種超越主要表現在兩個方面：一是人的身體從現實界向仙界的整體移入，二是人的生命以同一種身體樣式在現實中無限延長。前者是那一時代海上尋仙的基本主題，後者是一般煉丹術所要達至的目標。但值得注意的是，這兩種方式與西方古典時代對死亡的理解均有本質的區別。它沒有一個與現實真正隔離的彼岸，它的彼岸只不過是此岸的遠方；它也沒有在靈肉之間劃出一條鮮明的界限，而是認定只有身體的不朽才能真正解決死亡問題。從這種特點看，秦漢至魏晉時期的中國哲學雖然講人向神界的超越，但它設定的目標卻不是超驗的，而是時時面臨著來自人的現實經驗的威脅。比如，方術之士說海上有仙山，西方有崑崙之丘，但隨著人活動範圍的擴大，這些神話的真實性必然被一步步證偽。如司馬遷云：

> 《禹本紀》言：「河出崑崙。崑崙其高二千五百餘里，日月所相避隱爲光明也。其上有醴泉、瑤池。」今自張騫使大夏之後也，窮河源，惡睹《本紀》所謂崑崙者乎？故言九州山川，《尚書》近之矣。至《禹本紀》、《山海經》所有怪物，余不敢言之也。〔註190〕

與此一致，自漢代以來，煉丹術士皆言神仙可學，丹藥可成，長生可得。但是，這種承諾的誘惑性必然面對現實驗證的危險性。更多情況下，服食丹藥者不但沒有長生，反而因藥物中毒而過早喪命。在這種情況下，如果說神仙信仰和丹藥迷信是人面對死亡的本能反應，那麼，神仙方術與現實經驗的對立則必然引起人們的懷疑和否定。在漢魏之際，當戰亂和瘟疫以更直觀、更震撼的方式表現著死亡的真實和生命的脆弱時，所謂的神仙信仰必然會面臨著前所未有的巨大考驗。曹植所謂「虛無求列仙，松子久吾欺」之言，正

〔註189〕《抱朴子內篇・論仙》。
〔註190〕《史記・大宛列傳》。

是這種從長生之夢中覺醒的證明。從這個角度講，所謂魏晉時代人的覺醒，最根本地體現爲人發現了自己的必死性，也使「向死而在」的享樂主義成爲那一時代的典型特徵。

魏晉時期，當享樂主義成爲人性覺醒後的現實選擇，許多生活元素都圍繞著這種新的信條發生了相應的變化和調整。如《曹瞞傳》記曹操云：「太祖爲人佻易無威重，好音樂，倡優在側，常日以達夕。……每與人談論，戲弄言誦，盡無所隱，及歡悅大笑，以至頭沒杯案中，肴膳皆沾污巾幘。」〔註191〕於此，政務、人臣之禮顯然都沒有成爲追求快樂的障礙。這種時代性的特徵甚至反映在喪葬制度的變革上。如《晉書》記云：「魏武以正月崩，魏文以其年七月設妓樂百戲，是則魏不以喪廢樂也。」〔註192〕由此看，前文談到的魏晉時期的薄葬，就不僅僅是一個節儉問題，而是在喪死與樂生之間，人的認識發生了改變。

享樂主義，它不懷戀過去，也不關心未來，它追求的是當下性的身體歡娛。在這種背景下，以滿足人長生久視爲目的的丹藥似乎必然要被人拋棄，但從史料看，丹藥服食在魏晉時代不但沒有因人生存觀念的變化而消失，反而成爲這一時代士人生活中最不可缺少的東西。之所以會出現這種狀況，一個重要的原因就是人們對丹藥的功能有新發現，即：這種東西雖然在長生問題上給人的承諾是虛幻的，但經過改造卻可以給人帶來直接的肉體之歡。從這種情況看，藥物服食在魏晉時期的廣泛流行，在於它成功實現了從服務於人的未來向服務於人的當下的轉移——它不再追求使人成爲事實的神仙，而在於給人帶來神仙化的身體體驗。這種轉移開啓了一條「仙丹妙藥」走向世俗生活的道路。

被魏晉士人廣泛服食的藥物名爲五石散，又名寒食散。這是一種由石鍾乳、紫石英、白石英、石硫磺、赤石脂五味石藥合成的中藥散劑。關於它的來歷和在魏晉時期的流行狀況，可參照如下兩則史料：

> 寒食散之方，雖出漢代，而用之者寡，靡有傳焉。魏尚書何晏首獲神效，由是大行於世，服者相尋也。」〔註193〕

> 皇甫云：「寒食藥者，世莫知焉，或言華佗，或曰仲景。……近

〔註191〕《三國志》裴松之注引《曹瞞傳》。

〔註192〕《晉書》卷二十《志》第十《禮》中。

〔註193〕司馬鄴（晉愍帝）：《寒食散論》，見嚴可均：《全晉文》卷七。

世尚書何晏，耽聲好色，始服此藥，心加開朗，體力轉強，京師翕
然，傳以相授。歷歲之困，皆不終朝而愈。眾人喜受於近利，未睹
後患。晏死之後，服者彌繁，受於時不輟，余亦豫焉。」〔註194〕

從這兩段話可以看出，五石散出自漢代，經正始名士何晏開始廣泛流
行。關於它給人體帶來的快感，除上引皇甫謐提到的「心加開朗，體力轉強」
外，還有另外幾點可以補充。如王羲之在與友人的通信中講：「服足下五色石
膏散，身輕，行動如飛也。」〔註195〕他的兒子王獻之講：「僕射得散力，甚慰。」
〔註196〕唐人孫思邈也說過：「有貪餌五石，以求房中之樂。」〔註197〕結合這
幾點來看，這種散藥對人的心理和生理功能均能有極大的提升。它讓人心情
開朗，體力強壯，健步如飛，在兩性關係上可逞一時之勇。

但是，這種給人帶來超常快樂的東西，同樣會以常超的方式給人帶來困
擾。如隋人巢元方論藥性云：「藥性，草木則速發而易歇，土石則遲發而難歇
也。夫服藥，草石俱下受於喉，其勢厲盛衰，皆有先後。其始得效，皆是草
木先勝耳，土石方引日月也。草木少時便歇，石勢猶自未成。」〔註198〕五石
散屬於石藥，藥效遲緩，體冷性熱。不發作時，諸石積於胸中，其冷如冰；
一旦發作，其熱性又往往會超出人的身體可以承受的限度。魏晉時期，服食
五石散的士人都要「行散」，這正是要靠運動促進藥物在體內發生反應。關於
這種服散後體內冷熱交並的狀況，可參照南齊名醫徐嗣伯的如下一則醫案：

嗣伯字叔紹，……時直合將軍房伯玉服五石散十餘劑，無益，
更患冷，夏日常複衣。嗣伯為診之，曰：「卿伏熱，應須以水發之，
非冬月不可。」至十一月，冰雪大盛，令二人夾捉伯玉，解衣坐石，
取冷水從頭澆之，盡二十斛。伯玉口噤氣絕，家人啼哭請止。……
又盡水百斛，伯玉始能動，而見背上彭彭有氣，俄而起坐，曰：「熱
不可忍，乞冷飲。」嗣伯以水與之，一飲一升，病都差。自爾恒發
熱，冬月猶單褌衫，體更肥壯。〔註199〕

這則醫案中的房伯玉之所以「患冷」，是因為藥石在胸中淤積，尚沒發生

〔註194〕皇甫謐語。見巢元方：《諸病源候論》卷六《解散病諸候》之《寒食散發候》。
〔註195〕見嚴可均：《全晉文》卷二十六。
〔註196〕見嚴可均：《全晉文》卷二十七。
〔註197〕孫思邈：《備急千金要方》卷一《治病略例》。
〔註198〕巢元方：《諸病源候論》卷六《解散病諸候》之《寒食散發候》。
〔註199〕見《南史》卷三十二《張邵傳》。

化合反應。後在冷水刺激下，藥效發動，產生了高出正常值數倍的熱量，於是他又常常體熱，以至於冬天也要穿上短褲了。

　　魏晉名士，除因服五石散喪命者外，大多有或深或淺的中毒症狀。魯迅先生說過：「晉朝人多是脾氣很壞，高傲、發狂、性暴如火的，大約便是服藥的緣故。」〔註200〕確實，散力發作之後，體內的燥熱往往使人變得狂躁易怒，理性自制力異乎尋常的薄弱。表現在個性上，就是喜怒形於色，愛憎見於言。後世所謂魏晉士人的愛憎分明、嫉惡如仇、一往深情等等，應與這種被藥物鼓動起來的率性大有關係。同時，散藥的長期服食，也會改變人的生理狀況，並對人的外觀形成影響。如《世說新語‧容止》記何晏云：「何平叔美姿儀，面至白。魏明帝疑其傅粉，正夏月，與熱湯餅。既啖，大汗出，以朱衣自拭，色轉皎然。」何晏是魏晉名士服食五石散的始作俑者。他的「面至白」，除天生之外，也必與散藥的熱能加快了人體的新陳代謝有關。這種新陳代謝產生了兩種結果：一是皮屑大量增加，二是因皮屑脫落而使皮膚保持柔嫩新鮮。後人評價魏晉名士的風儀有所謂「玉人顧影」之論，男人之所以可以成為「玉人」，不僅僅是良好的保養問題，而且也是藥石作用的問題。與此相關，魏晉士人喜歡穿寬袍大袖的舊衣，一個重要的原因就是緊身的衣服、新衣或剛漿洗的衣服，會導致對新生肌膚的磨損。〔註201〕同時，大量的皮屑加上衣服長期不能換洗，必然會生出大量的蝨子，於是又產生了那一時代名士「捫蝨而談」的美譽。

　　另外，關於魏晉士人的裸體，上節已對其原因有所申論。除此之外，另

〔註200〕魯迅：《魏晉風度及文章與藥及酒之關係》。見《魯迅全集》第3卷，人民文學出版社1981年版，第505頁。

〔註201〕與一般服散者喜歡穿寬袍大袖的舊衣不同，「魏尚書何晏，好服婦人之服」。這種著裝習慣，除了何晏「耽聲好色」的原因外，也與當時的女裝質料輕便、制式寬鬆有關。魏時女裝的制式，於史無載，但如下三則史料則可證明其極適合服散者：(1)當時，婦女喜歡留蓬鬆的髮型，即：「婦人束髮，其緩彌甚，紛不能自立，髮被於額，目出而已。」這種髮型必然會有同樣寬鬆的服裝與之相配。(1)像何晏一樣，當時的魏明帝也愛好女裝，他「著繡帽，被縹紈半袖，嘗以見直臣楊阜。」這種用帛絹製成的服裝，比講究禮容威儀的男士官服更輕盈、更舒適。(3)西晉時期的女裝於史有載，與魏末應有趨同性。據《宋書》：「晉興後，衣服上儉而下豐，著衣者皆厭腰蓋裙。……陵遲至元康末，婦人出兩襠，加乎脛之上。」這也是講當時女裝的裸露和寬鬆。從以上特點看，魏晉士人喜穿寬袍大袖的舊衣，與何晏喜歡穿女衣，均應與減少服裝對皮膚的磨損有關。（引文皆見《宋書‧志》第二十《五行》下）。

一個純粹物化的原因就是服食五石散後身體產生熱能的問題。如皇甫謐曾在給晉武帝的奏疏中，講到自己因服寒食散而「隆冬裸袒食冰，當暑煩悶」。〔註202〕西晉末年陳敏之亂時，賀循爲避免附逆，也曾「服寒食散，露髮袒身，示不可用」。〔註203〕另外，南朝齊梁間的處士張孝秀，關於他的史傳也可作爲佐證。如《南史》記云：「孝秀性通率，不好浮華，常冠谷皮巾，躡蒲履，手執並閭皮塵尾，服寒食散，盛冬臥於石上。」〔註204〕從這幾則史例看，魏晉名士，如阮籍、阮瞻、阮孚、阮放、王忱、王澄、謝鯤、胡毋輔之、畢卓、羊曼、桓彝、劉伶、光逸之徒，他們的散發裸袒，就不僅僅是通脫放達、向名教示威、追求哲學化生存的問題，而且對於其中的服散者來講，必有體內燥熱、不得不裸的更根本原因。另外尤其值得注意的是，魏晉士人除了服藥，另一大愛好就是飲酒。巢元方在其《諸病源候論》中講：「服散而積飲酒，石因酒勢而盛，敷散經絡，故煩而發熱也。」〔註205〕從這段話看，飲酒加快了血液的流動，並使五石散的熱力更快速地傳達到身體的每一根神經。在此，魏晉士人的嗜酒，明顯強化了五石散本已猛烈的藥效；藥與酒的交合，就像爲正在燃燒的汽油又加上了助燃劑，考驗著人的承受力。

就酒這種奇特的飲品與中國人建構的關係而言，第一個重要時期應是殷商晚期。那時，殷紂王「酒池肉林，爲長夜之飲」，將士百工、市井百姓也嗜酒成性，成爲商王朝滅亡的重要原因。鑒於這種好飲之習對社會穩定造成的威脅，周王朝建立之初，周公就曾專門頒佈禁酒令（《酒誥》）。此後數百年間，雖然「以酒敗德」的個案屢見不鮮，但自周初至戰國並沒有形成時代性的風潮。西漢初年，正是所謂「禮崩樂壞」的時期，漢高祖劉邦在朝中議事，「群臣飲酒爭功，醉或妄呼，拔劍擊柱。」〔註206〕讓高祖大爲憂慮。對此，他採納了儒生叔孫通制定的禮儀，對朝中飲酒進行了嚴格規範，以至於「竟朝置酒，無敢讙譁失禮者。」〔註207〕這種漢初的酒制，加上儒家政治哲學在整個漢代的主導性，使飲酒被成功納入到了儒家倫理允許的範圍之內，所以這一問題沒有成爲漢王朝的重大問題。但到東漢末年，隨著王朝政治的日益鬆弛，從皇室貴族到地方官員縱酒之風又開始盛行，並開魏晉之濫觴。如曹丕《典

〔註202〕《晉書》卷五十一《皇甫謐傳》。
〔註203〕《晉書》卷六十八《賀循傳》。
〔註204〕《南史》卷七十六《隱逸》（下）
〔註205〕巢元方：《諸病源候論》卷六《解散病諸候》之《解散飲酒發熱候》。
〔註206〕《史記‧劉敬叔孫通列傳》。
〔註207〕《史記‧劉敬叔孫通列傳》。

論・酒誨》記云：

> 孝靈之末，朝政墮廢，群官百司，並湎於酒，貴戚尤甚，斗酒至千錢。中常張讓子奉爲太醫令，與人飲酒，輒掣引衣裳，發露形體，以爲戲樂。

> 洛陽令郭珍，居財巨億。每暑夏召客，侍婢數十，盛裝飾，被羅縠，袒裸其中，使之進酒。

> 荊州牧劉表，跨有南土，子弟驕貴，並好酒，爲三爵：大曰伯雅，次曰中雅，小曰季雅。伯雅受七勝（即升），中雅受六勝，季雅受五勝。又設大針於杖端，客有醉酒寢地者，輒以劖刺之，驗其醉醒，是酷於趙敬侯以筒酒灌人也。大駕都許，使光祿大夫劉松北鎮袁紹軍，與紹弟子日共宴飲，松當盛暑三伏之際，晝夜酣飲極醉，至於無知，云以避一時之暑。二方化之，故南荊有三雅之爵，河湖有避暑之欲。〔註208〕

從以上情況看，魏晉士人的縱酒放達之風，不是突然產生，而是漢末就開始的濫飲之風的不斷蔓延和發展。這期間，曹操曾下過禁酒令，但沒有效果，〔註209〕並因此遭到喜歡「大飲醇酒」的孔融的嘲諷。〔註210〕如其所言：「天有酒旗之星，地列酒泉之郡，人有旨酒之德，故堯不飲千鍾，無以成其聖。且桀紂以色亡國，今令不禁婚姻也。」〔註211〕可以認爲，孔融作爲三國時期的清流領袖，他爲酒所作的辯護是一個重要的信號，新一代的士人開始打破前朝「酒以成禮」的束縛，不再爲自己對杯中物的愛好懷有道德上的羞感或恥感，而是要爲其尋找理論的正當性。到魏晉時期，隨著儒家倫理的徹底被顛覆，縱酒不但不被視爲敗德之舉，反而成了士人追求自由放達的重要證明。尤其是劉伶所撰的《酒德頌》，明顯將儒家士人的「酒以成禮」之德轉換成了「酒以縱慾」的新酒德。至此，狂喝濫飲不僅具有了理論的正當性，而且成爲獲得社會聲譽的必由之路。如東晉名士王恭（王孝伯）云：「名士不必奇才，但使常得無事，痛飲酒，熟讀《離騷》，便可稱名士。」〔註212〕

〔註208〕見嚴可均：《全三國文》卷八。
〔註209〕如魏郎中令魚豢《魏略》記云：「太祖禁酒，而人竊飲之。故難言酒，以白酒爲賢者，清酒爲聖人。」（見《藝文類聚》卷七十二）
〔註210〕如《三國志・魏書》
〔註211〕見《三國志・魏書・崔琰傳》裴松之注引張璠《漢紀》。
〔註212〕《世說新語・任誕》。

「古來聖賢皆寂寞，唯有飲者留其名」。李白的這句詩，對魏晉這個被酒神精神鼓蕩的狂放時代，具有超強的描述性。但對當時的飲酒者而言，他們飲酒並不是要名垂青史，甚至藉以抒泄胸中憤悶也不過是託辭，其核心的問題還是這種杯中物可以給人的身體帶來巨大快感。王忱（王佛大）云：「三日不飲酒，覺形神不復相親。」王蘊（王光祿）云：「酒，正使人人自遠。」王薈（王衛軍）云：「酒正自引人著勝地。」〔註213〕從這幾點看，飲酒使人身體鬆弛，進而形神合一；酒的麻醉使人與自我或他者分離，在飄飄欲仙中將人引入迷幻的勝地。可以認爲，雖然後世爲魏晉士人的縱酒找出了各種冠冕堂皇的理由，但對於當事者而言，最眞實的還是酒癮的糾纏，以及通過飲酒得到的難以言狀的身體體驗。

至此，我們似乎可以得出結論，所謂的魏晉風度，從本質意義上來講，是建基於人的身體的。它包括人面對死亡如何處置自己的身體，如何用身體想像表達自我超越的渴望，如何用技術實踐來規避死亡的降臨，以及如何在必死的絕望中更狂熱地消費自己。在這個過程中，喪葬、遊仙、煉丹、藥、酒構成了魏晉士人身體之思和身體表演的基本道具。但是，就像任何一個時代的思想都需要道具，但道具本身卻不是思想一樣，魏晉美學的魅力並不在於它如何表現人的身體，而在於透過身體之思和身體表演，給中國美學史提供了一種異乎尋常的東西。這種東西，就是人在生存與死亡、人性與獸性、希望與絕望等諸多生命元素的兩極對立中，如何拓展生命的邊界，如何自我安頓，如何實現自由。在中國美學史上，沒有任何一個時代比魏晉士人給出的方案更具挑戰性，它以裸體爲文明，以吸毒爲風流，以捫虱爲雅事，以狂飲爲放達。但正是這種挑戰，使魏晉風度成爲中國人關於生命試驗和冒險的寓言。如東晉畢茂世云：「一手持蟹螯，一手持酒杯，拍浮酒池中，便足了一生。」這種生命的至樂之境，讓人渴慕又讓人震驚。

第四節　身體的不朽與魏晉文學藝術

一、從人的不朽到文的不朽

對於不朽的信仰，不管是精神的還是肉體的，雖然帶有自欺欺人的性質，但它卻可以成功化解人對死亡的後顧之憂，從而變得勇敢並富有創造性。漢

〔註213〕均見《世說新語・任誕》。

代社會之所以普遍彌漫著一種樂觀向上、積極進取的精神，甚至漢末太平道之所以能把飽受苦難的饑民塑造成勇敢無比的士兵，應和當時的長生信仰克服了人對死亡的恐懼有關。但從魏晉時期的情況看，這是一個典型的過渡時期。在自然層面，漢代道教的神仙故事和藥物實驗對人的吸引力已大大減損；在社會層面，儒家由生前的事功和死後的厚葬所標示的榮寵及青史留名的可能性，也被豪強的權力壟斷和屍橫遍野的殘酷現實所斷送。在這種背景下，必須找到新的東西為人渴望不朽的野心提供召喚和引領。否則，人除了像上節所言的、用純粹生物化的方式消費自己的身體，似乎將沒有更具價值的道路可供選擇了。

那麼，在魏晉時期，有沒有可以替代身體焦慮為人提供精神指引的東西？回答是肯定的。從史籍看，這種東西既不來自道教神仙化的自然，也不來自儒家功利性的社會，而是來自審美創造活動。當時的士人從審美化的情感表達中發現了一種足以使人不朽的東西，即詩賦或文學。如曹丕云：

> 蓋文章經國之大業，不朽之盛事。年壽有時而盡，榮樂止乎其身，二者必至之長期，未若文章之無窮。是以古之作者，寄身於翰墨，見意於篇籍，不假良史之辭，不託飛馳之勢，而聲名自傳於後。
> 〔註214〕

曹魏時期，當前朝設定的諸種不朽方案對士人失去了號召力，曹丕試圖通過文章將他們帶入不朽者行列，這不能不說是一個有價值的創意。這一創意在這一時期出現，有其歷史的必然性。首先，從當時士人的生存狀態看，漢末及時行樂之風盛行，但由於這種快樂僅僅表現為由酒色歌舞帶來的身體之歡，所以愈是極端的快樂愈易觸發良宵不再、年命如流的巨大哀感。這種哀感在《古詩十九首》就有表現，也是建安文學的基本格調。如曹操《短歌行》云：「對酒當歌，人生幾何？譬如朝露，去日苦多。慨當以慷，憂思難忘。何以解憂，唯有杜康。」在此，美酒雖然讓人暫時忘掉了人生的憂思，但它又在更深處揭示了這種生命憂患的不可破解、不可撼動。又如曹丕在《與吳質書》中，曾記載了與友人「白日既匿，繼以朗月」的南皮之遊，如其所言：「清風夜起，悲笳微吟。樂往哀來，淒然傷懷。余顧而言，斯樂難常。足下之徒，誠以為然。」〔註215〕這裡所謂的「斯樂難常」，明顯也遵循著「樂而未

〔註214〕《典論・論文》。
〔註215〕《三國志・魏書・王粲傳》裴松之注引《魏略》。

畢，哀以繼之」的心理邏輯。可以認爲，宴飲、遊歷之樂爲建安文學平添了
一種唯美的氣質，但歡樂背後的巨大哀感卻潛隱著對生命本質的追問以及超
越之路的探尋。「極宴娛心意，戚戚何所迫？」〔註216〕這種對人構成精神壓迫
的悲戚，否定了身體之歡的意義，將人引入關於不朽的遐想。

　　其次，從這一時期的社會狀況看，東漢末年是社會大動蕩時期。根據《晉
書·地理志》和馬端臨的《文獻通考》，東漢桓帝三年，漢朝人口曾達到 5648
萬，但到三國時期，人口則僅剩下 767 萬（其中魏 443 萬、蜀 94 萬，吳 230
萬）。這中間，即便刨除動亂年代人口大量流動、統計無法準確的因素，這一
時期人口的損失也是觸目驚心的。正如馬端臨所言：「及魏武克平天下，文帝
受禪，人眾之損，萬有一存。」〔註217〕關於造成當時人口銳減的原因，前文
已有申述，即：戰亂和瘟疫。但必須注意的是，這兩種災禍給人帶來的心理
反應卻有重要不同。比如，對於人禍，人可以選擇逃避，或者以儒家的正義
原則抨擊社會的黑暗和反人道，甚至由此激發起重整山河的雄心壯志。比較
言之，瘟疫導致的災難則不是來自社會，而是來自自然。在醫學知識匱乏的
古代，人除了被動接受瘟疫的擺佈似乎別無選擇。對於這種不可抗拒的自然
災難，士人藉以抒憤的社會批判失去了對象，拯世濟物的雄心也會陷入「拔
劍四顧心茫然」的窘境。也就是說，由瘟疫所昭示的，不是可以通過人力改
變的社會問題，而是無常的命運感。〔註218〕

　　值得注意的是，曹丕提出文學不朽論，其直接誘因正是這種不可抗拒的
瘟疫。按俞紹初《建安七子年譜》，曹丕的《典論·論文》應作於建安二十二
年（公元 217 年）冬。〔註219〕這一年正是一場大瘟疫在中原肆虐的時期，建
安七子中除孔融、阮瑀已經去世外，王粲、陳琳、應瑒、劉楨、徐幹一時都
成了犧牲品。關於這場瘟疫給曹丕帶來的巨大心理影響及其與文學不朽論的
關係，可參照如下文獻：

　　　　帝初在東宮，疫癘大起。時人彫傷，帝深感歎，與素所敬者大

〔註216〕《古詩十九首》之三。

〔註217〕《文獻通考》卷十《戶口考》一。

〔註218〕從歷史文獻看，漢末至魏晉（尤其建安時期），是中國歷史上瘟疫集中爆發的
　　　　時期。如張仲景《傷寒雜病論·序》云：「余宗族素多，向餘二百。建安紀年
　　　　以來，猶未十稔，其死亡者，三分有二，傷寒十居其七。」曹植《論疫氣》
　　　　描述當時疫情云：「家家有僵屍之痛，室室有號泣之哀。或闔門而殪，或舉族
　　　　而喪。」（見《後漢書·五行志》）。

〔註219〕參見俞紹初：《建安七子集》，中華書局 2005 年版，第 452 頁。

理王朗書曰:「生有七尺之軀,死惟一棺之土,惟立德揚名,可以不朽;其次莫如著篇籍。疫癘數起,士人彫落,余獨何人,能全其壽?故論撰所著《典論》、詩、賦,蓋百餘篇。集諸儒於肅城門內,講論大義,侃侃無倦。」〔註220〕

二十三年,太子又與質(吳質)書曰:「昔年疾疫,親故多離其災,徐、陳、應、劉,一時俱逝,痛可言邪!⋯⋯謂百年已分,可長共相保,何圖數年之間,零落略盡,言之傷心。頃撰其遺文,都為一集。觀其姓名,已為鬼錄。追思昔遊,猶在心目。而此諸子,化為糞壤,可復道哉!〔註221〕

這兩段引文分別是曹丕與友人王朗、吳質通信的片斷,一作於建安 22 年冬,一作於建安 23 年,與《典論·論文》形成了相互參證關係。當志士試圖靠一世之功「立德揚名」,但迎來的卻是瘟疫對生命莫名其妙的剝奪時,生命的無常和荒誕之感將比任何時候都變的嚴重,要為後人留下一些可資紀念之物的願望也會變得強烈和緊迫。在與吳質的通信中,曹丕所講的「所懷萬端,時有所慮,至通夜不瞑」,正是這種心態的反映。他之所以反覆與友人提到《典論》和自己詩賦的整理問題,似乎就是要為朝不保夕的生命找到一個可以繼續延續的替代物。

從曹魏時期文學隊伍的組成及創作繁榮的狀況看,以文章承擔起使人不朽的任務確實並非妄言。首先,任何一個時代文學的繁榮,似乎都少不了亂世流離給人帶來的巨大心理創痛,這也即是古人所謂「哀怨起騷人」、「國家不幸詩家幸」的真義。如上所言,曹魏時期是中國歷史上少有的諸種災難的聚集期,也是漢王朝確立的價值和信仰的全面幻滅時期。在這樣一個時代,除了時而感時傷世、時而壯懷激烈的情感之外,人似乎被剝奪了一切。或者說,除了以文學形式傳達人生的諸種哀感之外,再也沒有其它東西適合作為心靈的歸依。正如劉勰評建安文學云:「觀其時文,雅好慷慨,良由世積亂離,風衰俗怨,並志深而筆長,故梗概而多氣也。」〔註222〕

其次,任何一個時代文學的繁榮,必然也少不了一個相當規模的創作隊伍的形成。關於建安時期以曹氏父子為領袖形成的鄴下文人集團的盛況,可

〔註220〕《三國志·魏書·文帝紀》裴松之注引《魏書》。
〔註221〕《三國志·魏書·王粲傳》裴松之注引《魏略》。
〔註222〕劉勰:《文心雕龍·時序》。

參照南朝時期鍾嶸、劉勰的如下描述：

> 降及建安，曹公父子篤好斯文：平原兄弟，鬱為文棟：劉楨、
> 王粲，為其羽翼。次有攀龍托鳳，自致於屬車者，蓋將百計。彬彬
> 之盛，大備於時矣。〔註223〕

> 自獻帝播遷，文學蓬轉，建安之末，區宇方輯。魏武以相王之
> 尊，雅愛詩章：文帝以副君之重，妙善辭賦：陳思以公子之豪，下
> 筆琳瑯：並體貌英逸，故俊才雲蒸。仲宣委質於漢南，孔璋歸命於
> 河北，偉長從宦於青土，公幹徇質於海隅，德璉綜其斐然之思，元
> 瑜展其翩翩之樂。文蔚、休伯之儔，子叔、德祖之侶，傲雅觴豆之
> 前，雍容衽席之上，灑筆以成酣歌，和墨以藉談笑。〔註224〕

自兩漢至六朝700餘年間，建安時期是文學成就最高的時期。這一判斷，自鍾嶸、劉勰時代起已有定論。由此反觀曹丕的文章不朽論，就不僅僅是一種善良的願望，而且有其文學成就的現實支撐。

魏晉是中國文學走向自覺的時代，曹丕的《典論·論文》對文學價值的崇高認定，是文學自覺的重要證明。但是，自20世紀80年代，尤其是90年代中國文學研究領域考據之風盛行之後，這種看法卻愈來愈受到人們的質疑。首先，許多學者認為，我國在春秋時期就開始重視「立言」的價值，如公元前549年，魯大夫穆叔在回答范宣子問話時就說過：「太上有立德，其次有立功，其次有立言，雖久不廢，此之謂不朽。」〔註225〕其次，在文學創作的專業化方面，兩漢文士的興起和經生的文士化傾向，有力地推動了文學的自覺；在文體學和文學創作的審美特性上，戰國後期的《楚辭》已露出文學獨立和自覺的端倪，到西漢中期已經十分明確了。〔註226〕這些看法，將中國文學走向獨立和自覺的時間大大提前，從而也減損了曹丕《典論·論文》在中國文學史中的意義。但仔細分析，這些看法雖然有助於更多元地理解中國文學的豐富性，總體而言卻是難以成立的。理由如下：

首先，春秋時期穆叔「三不朽」中的「立言」，所立的並不是文學意義上的言，而是政治性和道德性的議論和見解。在漢代，這種觀點的代表人物是司馬遷。如其所言：「遷聞君子所貴乎道者三：太上立德，其次立言，其次立

〔註223〕鍾嶸：《詩品序》。
〔註224〕劉勰：《文心雕龍·時序》。
〔註225〕《左傳·襄公二十四年》。
〔註226〕參見趙敏俐：《「魏晉文學自覺說」反思》，《中國社會科學》2005年第2期。

功。」〔註 227〕他受宮刑後之所以「隱忍苟活，函糞土之中而不辭者」，就是因為「恨私心有所不盡，鄙沒世而文采不表於後也。」但同樣必須注意的是，司馬遷所追求的「成一家之言」的不朽，也並不是以語言文字爲載體的文學的不朽，而是史傳和史論的不朽。《史記》所要實現的目標是「究天人之際，通古今之變」，「網羅天下放失舊聞，考之行事，稽其成敗興壞之理。」這與文學要求的個人情感表達和辭章之美是沒有關係的。或者說，司馬遷試圖藉以實現不朽的「言」，是史之言而不是詩賦之言，是紀事而不是記情，是求眞而不是求美。他涉及的是史學問題，而不是文學問題。

其次，總體而言，漢代重經術而不重文章。尤其是漢武帝以後，官僚多以經術起家，辭賦則被視爲「壯夫不爲」的雕蟲小技。其間偶有涉及辭賦的討論，它的美也不在於詞章之麗，而在於是否合於諷諭和勸諫的意義。揚雄所謂「詩人之賦麗以則，辭人之賦麗以淫」之論，〔註 228〕正說明辭賦除非具有社會教化的作用，在當時尙無法以其審美價值獲得存在的正當性。與此一致，西漢帝王及貴冑，如梁孝王劉勝、漢武帝劉徹、漢宣帝劉詢都喜歡賦體文學，但這種愛好多被定位在了私人娛樂的層面。辭賦家不但無法因其文學才能獲得政治上的成功，反而正因其善於作賦而被排斥在主流政治之外，成爲寄食的門客（如枚乘、司馬相如）或有類倡優的弄臣（如枚皋、東方朔）。像枚乘的兒子枚皋，本爲一代辭賦大家，但因爲「不通經術」而「不得爲尊官」。在朝中充當弄臣的角色讓他深感痛苦，如《漢書》記云：「皋賦辭中自言爲賦不如相如，又言爲賦乃俳，見視如倡，自悔類倡也。」〔註 229〕

一個時代，如果文學家像倡優一樣找不到尊嚴，在這種背景下談文學的自覺自然顯得十分荒誕。同時，在這一時代，如果辭賦被主流意識形態承認的唯一途徑就是返「詩賦之正」，即以諷勸爲本，麗辭爲末，那麼，詩賦就仍然無法因其審美價值而獲得獨立。西漢後期，漢宣帝劉詢是一個風雅皇帝，他「修武帝故事，講論六藝群書，博盡奇異之好，徵能爲《楚辭》九江被公，召見誦讀。……所幸宮館，輒爲歌頌，第其高下，以差賜帛。」〔註 230〕當時的朝中大臣認爲賦體創作是「淫靡不急」之事，反對給予獎掖。於是他講：

不有博弈者乎？爲之猶賢乎已！辭賦大者與古詩同義，小者辯

〔註 227〕司馬遷：《與摯伯陵書》，見《全漢文》卷二十六。
〔註 228〕《法言·吾子》。
〔註 229〕《漢書》卷五十一《枚乘傳》附《枚皋傳》。
〔註 230〕《漢書》卷六十四下《王褒傳》。

麗可喜。闢如女工有綺穀，音樂有鄭衛，今世俗猶皆心此虞說耳目，
辭賦比之，尚有仁義風諭，鳥獸草木多聞之觀，賢於倡優博弈遠矣。
〔註231〕

　　這是漢代少有的爲辭賦辯護的言論，也是主張漢代文學自覺論者常常徵引的文獻。要而言之，漢宣帝爲辭賦辯護的理由有三：一是辭賦賢於倡優博弈，二是辭賦有風諭之義，三是辭賦能增加人的博物學知識。從這三點看，他雖然肯定辭賦的價值，但它肯定的是其娛樂價值，而非審美價值；是它給人帶來的快感，而非美感。所謂的辭賦「賢於倡優博弈」之論，則意味著他依然是將兩者歸爲一類，而沒有看到兩者的本質區別。另外，他以「仁義風諭」和博物學爲辭賦尋找存在的理由，並沒有超出孔子的認識，而且這裡只提到辭賦的倫理功能和認識功能，也同樣忽視了文學藝術的審美和情感表達功能。從這種分析看，漢宣帝爲藝術所作的辯護格調不高，沒有觸及文學藝術的核心問題。

　　由此再返回到曹丕的《典論·論文》以及他那一時代的文學創造。可以認爲，曹丕對文學審美價值的強調（「詩賦欲麗」）、對建安七子文體特徵的分析，以及對文學價值的崇高定位，都意味著文學至此不再需要依附於其它價值，而是有了自己的獨立價值。由此看所謂魏晉文學的自覺，並不是某一文學元素在某一時代開始出現的問題，而是文學找到了自己的獨立價值、獨立表達方式並對文體特性有清醒認識的問題。進而言之，在那一時代，文學之所以能夠成爲肉身不朽的替代形式，其前提正是它擺脫了諸種非文學因素的糾纏，獲得了文體形式和價值的獨立。〔註232〕

二、人體與文體

　　漢代以前的中國文論，關注的重點問題是文學的心理發生和文學的社會價值。前者如《毛詩序》云：「詩者，志之所之也，在心爲志，發言爲詩。情

〔註231〕《漢書》卷六十四下《王襃傳》。
〔註232〕曹丕《典論·論文》中被視爲「經國之業，不朽之盛事」的「文章」，與現代意義上的文學尚有距離。按照曹丕的「四科」之論，它包括奏議、書論、銘誄、詩賦四個方面，即所謂「奏議宜雅，書論宜理，銘誄尚實，詩賦欲麗」。但從《全三國文》所錄建安時期此類文章可以發現，審美特性是這些文體的共同屬性，即便一般意義上的非文學文本，往往也帶有強烈的文學性。從這種特點看，曹丕所謂「文本同而末異」之論，意味著將這幾種文體都納入現代意義上的文學範疇也未嘗不可。

動於中而形於言，言之不足故嗟歎之，嗟歎之不足故永歌之，永歌之不足，不知手之舞之足之蹈之也。」後者如儒家的風教、美刺之論等。這種關於文學的發生學和目的論研究，存在的一個共同問題，就是片面強調文學與創作者和接受者的外部關聯，而忽略了文學如何建構自身。魏晉以降，中國文學發生了一個重要的轉折，即由傳統的對文學社會教化功能的強調，轉而「注意作品的抒情性和形象性，重視文學形式之美」。〔註233〕與這種文學的轉折一致，文學批評則開始重視作品的風格特徵和形式構成，也即將文本研究作爲文學理論的核心。這種轉折，與魏晉時期文學的自覺具有直接的因果關係。也就是說，文學的自覺意味著文學的獨立，文學的獨立則使關於文學風格及形式特徵的研究，即文體學研究成爲顯學。

魏晉時期如何理解文學的文體特徵？可以認爲，文學作爲人的本質力量的外化形式，對人的理解永遠是理解文學本質的前提。中國文論自先秦始，一直延續著一個傳統，即：以人的品質與文的品質相比照，這就是後人所講的「文如其人」。如孔子云：「有德者必有言。」〔註234〕揚雄云：「言，心聲也；書，心畫也。聲畫形，君子小人見矣。」〔註235〕這種從人出發的文論更多涉及人的倫理本性，所謂「文如其人」就是「文如其爲人」。但魏晉以後，隨著人們對文學自身的興趣壓倒了道德興趣，人與文的倫理關聯開始被具體化爲人體與文體的關聯。在這種背景下，以人體的結構比附文體的形式結構，以人的形貌特徵比照文體的形貌特徵，成爲「文如其人」這一主題的新內涵。人們相信，文學作品只有像人體一樣具有自身的有機性和完整性，它才是有生命的；只有像人一樣形質互顯、裝扮適宜，才能表現出美的韻致和風神。

魏晉時期，這種身體性文論的開啓者，依然是曹丕。在《典論·論文》中，他不但以文章的不朽作爲人的不朽的替代方案，而且對何種作品能實現這種不朽做出了具有開創性的判斷。如其所言：「文以氣爲主，氣之清濁有體，不可力強而至。」這句話首先涉及文學作品的內在本質，即文學作品是生命之氣充盈的形式；其次，作家的文氣有天然的清濁表現，從而形成不同的文章風格。根據這種「文氣論」，他對建安七子逐一進行了點評，如其所言：「王粲長於辭賦，徐干時有齊氣，然粲之匹也。……應瑒和而不壯，劉楨壯而不

〔註233〕王運熙：《中古文論要義十講》，復旦大學出版社2004年版，第157頁。
〔註234〕《論語·憲問》。
〔註235〕《法言·問神卷》。

密。孔融體氣高妙，有過人者，然不能持論，理不勝詞，以至乎雜以嘲戲。」這段引文中所謂的「齊氣」、「和而不壯」、「壯而不密」、「體氣高妙」之分，其前提就是不同作家同稟一氣的同質性，然後才是由稟氣的多寡、強弱、清濁導致的文學個性差異。

　　值得注意的是，曹丕對文學作品內在本質及其文體表現的認識，也是先秦至兩漢中國哲學關於人體的認識。首先，與曹丕的「文以氣爲主」一致，秦漢時期中國人對身體本質的認識也是「人以氣爲主」的。關於氣與人體的關係。莊子云：「人之生，氣之聚也。聚則爲生，散則爲死。」〔註236〕孟子云：「氣，體之充也。」〔註237〕《淮南子》云：「氣者，生之充也。」〔註238〕從這種情況看，中國哲學將人體視爲生命之氣充盈的形式，曹丕的「文氣論」則是將文學視爲生命或精神之氣充盈的形式，後者明顯是將一般的人體學命題移借成了文體學的命題。

　　其次，曹丕以氣之清濁來描述文體風格的形成和變異，也是對前人關於氣之精煩、清濁之分的文學引伸。先看精煩：如《管子》云：「精也者，氣之精者也。」「人之生也，天出其精，地出其形，合此以爲人。」〔註239〕《素問》云：「夫精者，身之本也。」〔註240〕《淮南子》云：「煩氣爲蟲，精氣爲人。」〔註241〕從這些論述看，魏晉以前的中國哲學，將人視爲精煩二氣化合的產物。這中間雖然提到精氣出於天，是「身之本」，但由於人的存在還有「地出其形」的側面，所以煩氣也必然是人體不可或缺的組成。《淮南子》所謂的「煩氣爲蟲，精氣爲人」之論，並不是說人體組成與煩氣無關，反而說明人身上只要有動物性的成份，煩氣的存在將不可避免。再看清濁：如《淮南子》云：「氣有涯垠，清陽者薄靡而爲天，重濁者凝滯而爲地。清妙之合專易，重濁之凝竭難，故天先成而地後定。」〔註242〕在這段話中，氣之清濁劃分被應用於描述天地的生成，這好像與人體無關，但從上文所引《管子》「天出其精，地出其形」的人體生成論看，精氣與清氣、煩氣與濁氣明顯具有對應性，都應被視爲對人體包蘊的一體之氣的命名。但就其區別

〔註236〕《莊子‧知北遊》。
〔註237〕《孟子‧公孫丑上》。
〔註238〕《淮南子‧原道訓》。
〔註239〕《管子‧内業》。
〔註240〕《素問‧金匱眞言論篇》第四。
〔註241〕《淮南子‧精神訓》。
〔註242〕《淮南子‧天文訓》。

而論，從精煩到清濁，又明顯體現出從名詞性向形容詞性滑動的特徵。這種滑動意味著，精煩是本質性的，清濁是表現性的。或者說精煩之分是對氣之性質的哲學判斷，清濁之分是對氣之特徵的審美或倫理判斷。〔註243〕從這種分析可以看出兩個問題：一是當漢末士人清議之風興起時，他們用清濁來品鑒人物的品性和風貌，但精、煩依然構成了清、濁的哲學背景；二是曹丕以氣之清濁爲基礎的文體風格論，其前提正是漢代建立在氣之精煩基礎上的身體構成論以及以清濁爲標準的人物品評論。在此，人體的氣之精煩清濁與文體的氣之精煩清濁，形成了鮮明的對應關係。曹丕文論中這種文體與人體的交互性，可參照他在《又與吳質書》中對劉楨和王粲的點評。如其所言：「公幹有逸氣，但未遒耳。」「仲宣續自善於辭賦，惜其體弱，不足以起文。」〔註244〕這裡，到底是劉楨本人有「逸氣」，還是他的文章有逸氣，是王粲本人「體弱」還是他的文章體弱。確實難以做出明確的釐清。

有晉一代，值得注意的文論有陸機的《文賦》、摯虞的《文章流別論》、葛洪《抱朴子外篇·尚博》。其中陸機的《文賦》，雖沒有直接涉及文體與人體的關係問題，但他對文學創作心理過程以及各種文體的認識，卻預示著文學作品必顯現出身體性的特徵。如其論創作心理過程云：

> 其始也，皆收視反聽，耽思傍訊。精騖八極，心遊萬仞。……始躑躅於燥吻，終流離於濡翰。理扶質以立幹，文垂條而結繁。信情貌之不差，故每變而在顏。思涉樂其必笑，方言哀而已歎。或操觚以率爾，或含毫而邈然。

這裡的「收視反聽」，是人的本質力量的凝聚，由此形成的文章必是這種本質力量的外化。這種外化，在結構方面表現爲質與文的有機結合，在風格方面表現爲對人喜樂情態的傳達。陸機所謂的以理質「立幹」，以文條「結繁」，形成的就是既內質端直又裝飾繁麗的文體形式。同時，由於作品直接顯現著作者創作過程的喜怒哀樂，所以它也必然像人一樣有情有貌。陸機所講的「信情貌之不差」，正是注意到了這種人之情貌與文之情貌的一致性。另外，在《文賦》中，陸機對各種文體的風格特徵也有精彩的論述，比如：「詩緣情而綺靡，

〔註243〕關於氣之精煩、清濁的關係，董仲舒《春秋繁露·通國身》云：「氣之清者爲精，人之清者爲賢。治身者以積精爲寶，治國者以積賢爲道。」從這段話可以看出兩個問題：（1）氣之精煩與清濁之分是貫通的；（2）從氣之精煩到清濁、再到人之賢愚不肖，體現出人的屬性從自然向社會層面逐漸躍升的趨勢。」

〔註244〕《三國志·魏書·王粲傳》裴松之注引《魏略》。

賦體物而瀏亮。碑披文以相質，誄纏綿而悽愴。銘博約而溫潤，箴頓挫而清壯。頌優游以林蔚，論精微而朗暢。奏平徹以閒雅，說煒曄而譎誑。」這裡所用的「悽愴」、「溫潤」、「清壯」、「朗暢」、「閒雅」、「譎誑」等詞彙，既是對文體風格的描述，同樣也被魏晉士人廣泛用於人物品藻。

摯虞是西晉時期的譜學家，從《文章流別論》看，他的文學觀以古義相繩，重諷諭而不重審美，缺乏新意。但是，他對西晉文學發展狀況的批評，卻從一個側面揭示了那一時期文學的特點。如其所言：「今之賦，以事形為本，以義正為助。情義為主，則言省而文有例矣；事形為本，則言當而辭無常矣。文之煩省，辭之險易，蓋由於此。夫假象過大則與類相遠。逸辭過壯則與事相違。辯言過理則與義相失。麗靡過美則與情相悖。此四過者，所以背大禮而害政教。」〔註245〕在這段話中，摯虞提到的「今之賦」有以下特點，即重事形，重逸辭，重辯言，重麗靡。用現代的語言就是重視文學形象和語言的審美表達。在他看來，這與傳統的詩教大相違背，但從魏晉文學走向自覺的趨勢看，這種變化顯然又是文學獨立，即以其審美特性與其它屬性相隔離的證明。形象、語言、審美，是文學之為文學最不可重複的特徵。魏晉文學如果沒有這種走向形式的特徵，當時文體學研究的繁榮將缺乏可能性。

與摯虞對魏晉時期文章審美化趨勢的否定不同，稍後的葛洪則對這種趨勢則肯定的態度。首先，在他看來，文學的價值並不能被限制在社會風教的狹窄範圍之內，而是有其更博大的實現空間。如其評漢魏文學云：「漢魏以來，群言彌繁。雖義深於玄淵，辭贍於波濤，施之可以臻徵祥於天上，發嘉瑞於后土，召環雉於大荒之外，安圓堵於函夏之內。近彌禍亂之階，遠垂長世之祉。」〔註246〕其次，德行的善惡可以直接做出判斷，文章之美則具有無限的豐富性和複雜性。即所謂「德行為有事，優劣易見。文章微妙，其體難識」。〔註247〕對於各種文章「朗昧不同科，強弱各殊氣」的情況，深入研究是重要的，妄下結論必然失之武斷。第三，在他看來，文學並不是道德的附屬物，而是有其獨立價值。如其所言：「文章之於德行，猶十尺之與一丈，謂之餘事，未之前聞。」「文章雖為德行之弟，未可呼為餘事也。」〔註248〕

〔註245〕摯虞：《文章流別論》。見《全晉文》卷七十七。
〔註246〕葛洪：《抱朴子外篇‧尚博》。
〔註247〕葛洪：《抱朴子外篇‧尚博》。
〔註248〕葛洪：《抱朴子外篇‧尚博》。

在此，葛洪雖然沒有像曹丕一樣將文學價值提高到「經國之大業，不朽之盛事」的高度，但與曹丕相比，他卻在德行與文章之間做了更清晰的切割。這種切割有助於研究者擺脫各種非文學因素的糾纏，將注意力真正集中到文學自身的審美特性和創造規律，使文章自成一格，自成一體。

總體而言，自魏政權建立至晉滅亡，文學理論上的建樹並不顯著。這與當時士人沉溺於關於自由的身體表演以及文學創造尚不到理論總結期有關。到南朝齊梁之間，魏晉審美主義思潮已渡過了它最激動人心的時期，文學上的成就已洋洋大觀。這一時期，出現了劉勰、鍾嶸等著名的文學理論家，他們思想的主旨就在於對魏晉以來的文學成就進行理論總結，並為形式主義的文學實踐建立理論的正當性。所以，按照創作先行、理論滯後的一般規律，他們的文論在性質上依然是屬於魏晉的。現就與本節相關的內容申述如下：

在確立文的獨立價值方面，劉勰的《文心雕龍》應是對魏晉以來諸多論述的提升和總結。他在這部著作的開篇即講：「文之為德也大矣，與天地並生者何哉？夫玄黃色雜，方圓體分，日月疊璧，以垂麗天之象；山川煥綺，以鋪理地之形。此蓋道之文也。」〔註 249〕道本無象，它之所以可以被人認識，就在於它以文的方式向人顯象。在此，劉勰首先從哲學層面將文提高到了「與天生並生」的本體位置，認為世界對人而言只可能是以現象存在，也即以文的方式存在。人對世界的認識和發現，也只可能是對自然之文理（「道之文」）的認識和發現。基於這種判斷，由聖人言說的天地之文，就不僅僅是虛假的表象，而是萬物存在和演化的形式性的規律。正是在這個意義上，劉勰講：「言之文也，天地之心哉！」〔註 250〕進而言之，人把握了世界存在的這種形式性規律，反過來就可以以此為尺度建構一個和諧有序的人文世界。劉勰所謂「原道心以敷章，研神理而設教」，〔註 259〕正是在講文對現實實踐的規範和指導意義。從這種分析可以看出，劉勰所認為的世界本體，是被人的認識所限定的現象性本體，即以文為本體。這種現象性，就是世界存在的形式性以及可言說性。於此，文、形式、語言，既是他表述自己哲學思想的關鍵詞彙，也是他介入文學研究的理論起點。

具體到文學而言，劉勰的「以文為本」，也即是以文章的文體形式和語言為本。關於《文心雕龍》的形式主義傾向以及它對魏晉文論的集大成意義，

〔註 249〕《文心雕龍・原道》。
〔註 250〕《文心雕龍・原道》。

茲不贅述。這裡關鍵注意的是，文學作爲一種獨立自足的文本形式，它在何種狀況下才被劉勰認爲是一種美的文學形式。對於這一問題，可參照《文心雕龍》中的如下論述：

> 夫才童學文，宜正體製。必以情志爲神明，事義爲骨髓，辭采爲肌膚，宮商爲聲氣。然後品藻玄黃，摛振金玉，獻可替否，以裁厥中。斯綴思之恒數也。（《附會》）

> 才性異區，文體繁詭。辭爲肌膚，志實骨髓。（《體性》）

> 造化賦形，支體必雙，神理爲用，事不孤立。夫心生文辭，運裁百慮，高下相須，自然成對。（《麗辭》）

> 體植必兩，辭動有配。左提右挈，精味兼載。炳爍聯華，鏡靜含態。玉潤雙流，如彼珩珮。（《麗辭》）

> 《詩》總六義，風冠其首，斯乃化感之本源，志氣之符契也。是以怊悵述情，必始乎風；沉吟鋪辭，莫先於骨。故辭之待骨，如體之樹骸；情之含風，猶形之包氣。結言端直，則文骨成焉；意氣駿爽，則文風清焉。若豐藻克贍，風骨不飛，則振采失鮮，負聲無力。是以綴慮裁篇，務盈守氣，剛健既實，輝光乃新。（《風骨》）

> 故練於骨者，析辭必精；深乎風者，述情必顯。捶字堅而難移，結響凝而不滯，此風骨之力也。若瘠義肥辭，繁雜失統，則無骨之徵也。思不環周，牽課乏氣，則無風之驗也。昔潘勖錫魏，思摹經典，群才韜筆，乃其骨髓峻也；相如賦仙，氣號凌雲，蔚爲辭宗，乃其風力遒也。（《風骨》）

> 及陸機斷議，亦有鋒穎，而腴辭弗剪，頗累文骨。亦各有美，風格存焉。（《議對》）

上引七節文字，第一、二節講文章的結構布局及特徵，第三、四節講修辭，第五、六、七節講文體風格。首先，在文章整體結構安排上，劉勰爲文章設想的最好的「體製」顯然是一種人體化的體制。其中，「情志」對應於人的「神明」，「事義」對應於人的「骨髓」，「辭采」對應於人的「肌膚」，樂感對應於人的聲音氣息。其次，在文章修辭上，劉勰極其重視駢偶句式所具有的形式之美和韻律之美，認爲文辭只有「高下相須」、「左提右挈」，才能造成「玉潤雙流」的效果。當然，這種駢偶句式之所以能給人美感，還是因爲他

摹擬了人的身體，即「造化賦形，支體必雙」，「體植必兩，辭動有配」。第三，在文章風格上，劉勰推崇「結言端直」、「意氣駿爽」的作品，認識這樣的作品有「風骨」。按照王運熙先生的看法：「風是指文章中的思想感情表現得鮮明爽朗，骨是指作品的語言質樸而勁健有力，風骨合起來，是指作品具有明朗剛健的藝術風格。」〔註 252〕從這種關係可以看到，風與骨是形成作品風格的兩個必不可少的要件。所謂「辭之待骨，如體之樹骸；情之含風，猶形之包氣」云者，顯然是從人體的有機性出發來對作品的體貌特徵做出規定。另外，在談及一些因風骨失調而導致文本出現問題的作家時，劉勰將「瘠義肥辭，繁雜失統」看作是「無骨之征」，認為陸機的辭賦正因為「腴辭弗剪」，所以「頗累文骨」。這裡所用的「肥辭」和「腴辭」，像「風骨」一樣缺乏表意的直接性，讀者只有將文章想像為人的身體時才能獲得正確的理解。

　　從風骨這一概念與歷史的關聯看，它與秦漢哲學關於人體的氣化理論以及氣的精煩、清濁劃分，具有淵源關係。如上所言，中國哲學自先秦以來，就將人體視為生命之氣充盈的形式。其中精氣外化為人清朗俊逸的神采，煩氣沈濁、內聚為人的形體和骨骼。劉勰云：「《詩》總六義，風冠其首，斯乃化感之本源，志氣之符契也。」這裡的風，從自然層面講，是氣之運動的表現形式；從人體層面講，則是由內在志氣外化的風貌、風神；從文學作品上講，則是與骨的質樸、恆定相比使文本顯得活躍的東西。由此可以看到，劉勰論文時所使用的「風骨」，是對傳統人體理論的發展。從一體之氣，到氣之精煩清濁，再到風骨，體現出人從實體性存在逐步向現象性存在外化的特點。這種外化反映在文學發展上，與中國文學從漢魏到六朝日益感性化、形式化的傾向形成了對應關係。也就是說，同為身體性的文學理論，劉勰之所以不再重複曹丕的文氣論，而用更感性的風骨，反映了魏晉以後的文學發展，要求文論家用更感性的人體概念對其做出具有針對性的描述。

　　風骨這一概念，除了在歷史層面與中國唯氣論的身體觀念有因果關係之外，在現實層面，則是對魏晉人物品鑒所涉諸多人體概念的借用。如王運熙先生講：「魏晉南朝人品評人物，非常重視人物風度的清俊爽朗之美，有時直接用『風骨清舉』一類詞語加以讚揚。南朝文學批評中的風骨一詞，即從人物品評和人物畫論移植而來。」〔註 253〕至於為什麼用於人物品評的詞彙可以

〔註 252〕王運熙：《中古文論要義十講》，復旦大學出版社 2004 年版，第 138 頁。
〔註 253〕王運熙：《中古文論要義十講》，復旦大學出版社 2004 年版，第 142 頁。

直接移植到文學理論，這顯然與中國文論「文如其人」的傳統看法大有關係。按照「有其人必有其文」的原則，人德與文德、人性與文性、人體與文體在不同層面形成了交互性的互顯關係。如劉勰云：「是以賈生俊發，故其文潔而體清；長卿傲誕，故其理侈而辭溢；子雲沉寂，故志隱而味深；子政簡易，故趣昭而事博；……仲宣躁銳，故穎出而才果；公幹氣褊，故言壯而情駭；嗣宗俶儻，故響逸而調遠；叔夜俊俠，故興高而采烈；安仁輕敏，故鋒發而韻流；士衡矜重，故情繁而辭隱。觸類以推，表裏必符。」〔註254〕根據這種「觸類以推」的認識方法以及「表裏必符」的理論信念，人心與文心、人貌與文貌形成了互彰互顯的關係。

　　人之體貌與文之體貌的對應性，使風骨等關於人物品鑒的概念成為文學批評的概念。進而言之，如果人物品鑒與文學批評具有同一種性質、同一種話語系統，那麼，人物品鑒的標準也就同樣可以移置為文學批評的標準。在齊梁時期，完成這一工作的是文論家鍾嶸。簡述如下：

　　從鍾嶸《詩品序》看，他生活的時代是一個詩歌創作有廣泛群眾基礎的時代，許多人「才能勝衣，甫就小學，必甘心而馳騖焉」。這種社會風氣，一方面產生了大量的詩作和自命不凡的「詩人」，另一方面也造成了文學創作的混亂和批評原則的喪失。如鍾嶸云：「庸音雜體，人各為容。至使膏腴子弟，恥文不逮，終朝點綴，分夜呻吟。獨觀謂為警策，眾睹終淪平鈍。次有輕薄之徒，笑曹、劉為古拙，謂鮑照羲皇上人，謝朓古今獨步。……徒自棄於高明，無涉於文流矣。觀王公縉紳之士，每博論之餘，何嘗不以詩為口實。隨其嗜欲，商搉不同，淄澠並泛，朱紫相奪，喧議競起，準的無依。」面對這種狀況，鍾嶸試圖借用前朝人物品鑒的制式為文學建立規範，即：「昔九品論人，《七略》裁士，校以貴實，誠多未值。至若詩之為技，較爾可知。」〔註255〕其中的「九品論人」，原本是班固在《漢書·古今人表》中對歷史人物的分類評述；「《七略》裁士」則是西漢末年的劉歆對以往思想流派的批評。但到魏晉時期，它則發展成為政府的取士方式，並進一步對當時士人階層人物品鑒的風潮形成重要影響。從這種情況看，鍾嶸明顯是將前朝論人、取士的標準移借成了文學批評的標準。而且他認為，由於人總是表裏不一、性情多變，所以「九品論人」必然會出現誤差，而詩作為靜態的藝術，則可以借

〔註254〕《文心雕龍·體性》。
〔註255〕《詩品序》。

這種方法做出相對準確的判斷。

鍾嶸將詩分爲上、中、下三品。在詩歌內容上，他主張吟詠性情，直接抒發所見所感，反對用事用典；在詩歌風格上，他認爲詩歌應自然成體，人爲雕琢只會造成「文多拘滯，傷其眞美」。這兩點看法，與建安文學開啓的重視情感的自然表現的傳統是一脈相承的，也與魏晉文物品藻所追慕的自然率眞、清新俊朗的人物風格相類同。在對具體文學作品的品評上，鍾嶸表現出的與魏晉人物品鑒的類同性更爲明顯。比如，他論曹植詩是「骨氣奇高，詞采華茂」，論劉楨是「眞骨淩霜，高風跨俗。」，論陸機是「氣少於公幹，文劣於仲宣」，論劉琨是「自有清拔之氣」。這裡的骨、氣等概念，直接就是對人物品鑒概念的借用。這種身體性的品評方式，也是自曹丕、劉勰以降中國詩歌鑒賞理論的主導方式。如顏之推云：「文章當以理致爲心腎，氣調爲筋骨，事義爲皮膚，華麗爲冕。」〔註256〕在此，文章似乎已不是文章，而是一個完全可以與人並立的人體。身體的有機性和完整性使其成爲文學作品生命特質的最佳象徵。

三、書　法

在中國哲學中，人與自然的關係是一體同氣關係，具有同質性。但同時，在形形色色的自然物中，人又佔據著獨特的位置，如荀子云：「水火有氣而無生，草木有生而無知，禽獸有知而無義。人有氣有生有知，亦且有義，故最爲天下貴也。」〔註257〕比較言之，如果人與自然是同質的，那麼自然就必然是可以被人認識的。同時，從中國哲學所賦予人的獨特的位置看，人又具有超出一般自然物之上的特異性。如荀子云：「天能生物，不能辨物也；地能載人，不能治人也。」〔註258〕這句話隱藏的一個重要命題，就是人既是物，又能「辨物」；既爲大地承載，又能統治這作爲承載者的大地以及人自身。也就是說，他具有認識和把握世界的能力。

那麼，人如何認識和把握世界？就一切存在物在空間上無限廣延、在時間上無限綿延的特性看，自然永遠有超出人的認識之外的東西；人所能認識的世界只可能是被感知力或理性所限定的世界，而不可能是世界本身。但同時，由於中國哲學關於人與世界同質的哲學信念，這種認識能力的局限性卻

〔註256〕顏之推：《顏氏家訓·文章》。
〔註257〕《荀子·王制》。
〔註258〕《荀子·禮論》。

又是可以克服的。如《呂氏春秋》云：「天地萬物，一人之身也。」〔註 259〕
在此，如果天地萬物的一切奧秘都微觀地凝縮爲人自身的奧秘，那麼人就可
以「察身以知天」，〔註260〕即通過對自身的理解而實現對無限廣延的世界的理
解。也就是說，從身體出發認識世界，是中國人克服世界之陌生性和不可知
性的重要途徑。

　　在漢代，董仲舒是這種天人同體（或同構）理論的重要闡述者。關於這
一點，前文已有詳論，茲不贅述。這裡值得注意的是，按照中國哲學總是善
於類比聯想的思維特性，天人同體理論不僅可以使自然以人體的方式被理
解，而且可以成爲建構社會秩序，甚至藝術結構的方法論原則。如董仲舒云：

> 一國之君其猶一體之心也，隱居深宮，若心之藏於胸；至貴無
> 與敵，若心之神無與雙也。其官人上士，高清明而下重濁，若身之
> 貴目而賤足也；任群臣無所親，若四肢之各有職也；內有四輔，若
> 心之有肝肺脾腎也；外有百官，若心之有形體孔竅也；親聖近賢，
> 若神明皆聚於心也；上下相承順，若肢體相爲使也。布恩施惠，若
> 元氣之流皮毛腠理也；百姓皆得其所，若血氣和平，形體無所苦也。
> 〔註 261〕

　　在這段話中，人體的結構形態，顯然成了最理想的社會組織形態。這種
理想性，來自人體結構形式本身的有機和完美，也在於它從天人同體理論中
獲得了自然哲學的支持。據此，從秦漢哲學身體性的自然觀，到董仲舒試圖
以人體爲範式建構理想的社會秩序，再到漢魏時期讓文學藝術按照身體的規
律造型，似乎就體現了同一種哲學觀念的自然發展。

　　以上是魏晉時期將人體引入藝術批評的理論背景。這種介紹雖然冗長，
但對理解兩漢與魏晉美學之間的關聯卻是重要的。同時值得注意的是，身體
的原則不僅是魏晉文學批評的原則，也同樣是書法與繪畫批評的原則。在這
一時期，書法和繪畫眞正開始作爲藝術存在。其重要的標誌就是它們擺脫了
對自然對象的依附和工具性，眞正開始按照藝術的規律（即身體的規律）來
建構自身。下面嘗試論之：

　　中國書法，是漢字藝術化的書寫方式。關於漢字的特性，許愼在《說文

〔註259〕《呂氏春秋‧有始》。
〔註260〕《春秋繁露‧郊祭》。
〔註261〕《春秋繁露‧天地之行》。

解字敍》中講：「書者，如也。」即漢字基本上是按照「依類相形」的原則，對自然事物的圖象化摹仿。許慎在《說文解字》中解說字義的方式，大體上就是根據篆書的字形來猜度它所表達的意義。後來，張彥遠提出「書畫異名而同體」的看法，〔註262〕也是注意到了漢字以圖案形式表意的特性。

漢字圖案化的構形方式使其具備了難得的直觀性，但過度追求對事物的逼真再現，必然會爲漢字的書寫和辨認帶來極大困難。所以中國文字的發展史就是不斷追求規範和簡易的歷史。如許慎記云，秦王統一六國之前，七國「言語異聲，文字異形」，至「秦始皇初兼天下，丞相李斯乃奏同之，罷其不與秦文合者。……或頗省改，所謂小篆者也。是時秦燒滅經書，滌除舊典，大發吏卒，興戍役，官獄職務繁，初有隸書，以趣約易。」〔註263〕從這段引文看，當時人對文字的要求無非有兩個：一是字義的普遍傳達，二是書寫的簡單便捷。而要實現字義的普遍傳達，文字就必須書寫規範；要實現書寫的簡單便捷，則必須減少筆畫，不再過度追求形象的逼真。西晉書法家衛恒在《四體書勢》中，曾提到篆、隸在形制上的重要改變就是「方者使圓，圓者使方」，這明顯涉及文字的規範問題。另外他也講：「秦既用篆，奏事繁多，篆字難成，即令隸人佐書，曰隸字。」〔註264〕這裡提到的篆字之所以「難成」，顯然是因爲此種字體的筆畫過於繁豐。而隸書的簡化則明顯意在提高書寫效率。

一般而言，漢字捨繁趨簡的過程必然是它越來越喪失直觀性的過程。或者說，文字工具屬性的強化與其自然屬性的弱化是同一問題的兩個方面。但是，對於漢字而言，其工具屬性的加強並不意味著美感的喪失，而是蘊藏著另外一種可能性，即：文字越抽象簡單，越能擺脫對摹寫對象的依附，並使書寫過程充滿快感和自由。這是漢字獲得形式獨立並成爲欣賞對象的重要條件。進而言之，當文字有了獨立的結構形式並能使人從書寫中獲得愉快時，人們往往會因爲它形式的完美而忘掉其工具屬性，從而使這種脫離內容的形式成爲獨立的藝術。

漢代書法，到東漢中後期開始成爲獨立的藝術。從史籍看，其標誌有二：首先，在這一時期，先後出現了杜度、崔瑗、張芝、蔡邕、梁鵠等一批著名

〔註262〕張彥遠：《歷代名畫記》卷一。
〔註263〕許慎：《說文解字敍》。
〔註264〕見《晉書》卷三十六《衛恒傳》。

的書法家。在皇室貴族和士人階層，書風廣泛盛行。其次，對當時人而言，練習書法多是出於審美需要，與社會政治和個人仕途均沒有必然聯繫。如趙壹記當時士人梁孔達、姜孟穎云：「余郡士梁孔達、姜孟穎，皆當世之彥哲也，然慕張生之草書過於希顏、孔焉。孔達寫書以示孟穎，皆口誦其文，手楷其篇，無怠倦焉。於是後學之徒競慕二賢，守令作篇，人撰一卷，以爲秘玩。」從這段話中所用的「秘玩」一詞可以看出，書法的價值明顯在於審美，而非實用功利；在於書體形式之美，而非其表達的思想內容。也就是說，純粹的形式性、審美趣味的非功利性是書法能夠成爲人們「秘玩」對象的必備條件。至東漢末年，曹操非常喜歡梁鵠的書法，曾「懸著帳中，及以釘壁玩之」。這明顯也是當時士人玩書之風的延續。

　　書法，就其對自然物象的再現而言，不如繪畫；就其對社會問題的揭示和批判而言，不如文學。但正因如此，書法擺脫了對自然和社會等外部因素的依附，以自身的純粹形式彰顯價值。那麼，這種純粹形式性的東西如何才能成爲美？從東漢後期至魏晉的書論看，它的美明顯在於自成一格，獨立成體，並通過與自然和社會等外在因素的脫離而形成了與人體的直接對應關係。如衛夫人《筆陣圖》云：「善筆力者多骨，不善筆力者多肉；多骨微肉者謂之筋書，多肉微骨者謂之墨豬；多力豐筋者聖，無力無筋者病。」〔註265〕從這段話看，書法作品之所以表現出審美價值，既不在於它遵從了自然的尺度，也不在於它遵從了社會的尺度，而是按形式自身的規律造型的結果。在諸種形式規律中，人體的規律代表了形式美的最高規律。所以書法作品如果能像人體一樣筋、骨、肉合乎比例，能在諸種藝術要素的融合中成爲一種有機的生命形式，就是最美的藝術。正如清人康有爲所言：「書若人然，須備筋骨血肉。血濃骨老，筋藏肉瑩，加之姿態奇逆，可謂美矣。」〔註266〕

　　在魏晉時期，以身體之美類比書法之美，並非始自衛夫人。三國時期，魏書法家韋誕評前朝杜度云：「杜氏傑有骨力，而字畫微瘦。」評崔瑗、張芝云：「崔氏之肉，張氏之骨。」又如衛瓘評魏時書法云：「我得伯英（張芝）之筋，恒得其骨，靖得其肉。」由此可以看出，筋、骨、肉、肥、瘦這些身體性範疇，已經成爲那一時期討論書法結體方式的主要範疇。〔註267〕

〔註265〕張彥遠：《法書要錄》卷一。
〔註266〕康有爲：《廣藝舟雙楫・餘論》。
〔註267〕本段引文均見張懷瓘《書斷》。

　　那麼，在魏晉時期，書論家爲什麼選擇人體作爲闡釋中國書法之美的範疇？原因大致可分爲以下三個方面：首先，這和漢代奠定的身體哲學的背景有關。如前所言，按照中國哲學的邏輯，人體是天地之氣的聚合形式，世界一切存在的規律最終都可以簡化爲身體的規律。就書法而言，當它擺脫自然和社會等外部因素的糾纏成爲獨立的形式，這種形式與人體的同構性也必然是與自然的同構性。或者說，書法可以通過酷肖人體完成與天道自然的接通，從而獲得存在的合法性。其次，在魏晉時期，眞、行、草成爲書法藝術的主體，結體方式更趨抽象。這種抽象的形式如果要成爲美的形式，一個重要的前提就是各形式要素的組合必須克服機械性，實現有機性；超越「死蛇掛樹」式的僵死感，獲得活躍的生命感。在這方面，人體的組織方式以及由此生發的生命之美，無疑爲書法的結體方式樹立了典範。第三，書法在結體方面雖有一定的範式，但它的美卻來自書寫者內在力量的外化。西晉書法家鍾繇所謂「筆迹者界也，流美者人也」，講的就是這個意思。從創作實踐看，要將字寫好需要人付出極大的精力。如「草聖」張芝「臨池學書，池水盡墨」；鍾繇「精思學書三十年」，「如廁終日忘歸」。又如王羲之云：「夫欲書者，先乾研墨，凝神靜思，預想字形大小、偃仰、平直、振動，令筋脈相連，意在筆先，然後作字。」〔註268〕顯然，這種日常練習和凝神觀照的過程，就是人的本質力量向書寫對象投射的過程。由此形成的書法作品必然會打上人的烙印，顯現爲人的品質、性情和形貌。後世所謂的「書如其人」、「人書俱老」，正是注意到了書體與人的體貌風神在藝術實踐中互映互顯的特徵。

　　正如一個完整的人體，既有其內在的生理構成，又有其外在的形貌表現，魏晉書法所表現出的身體性，也是內在結體方式與外在形式風格的結合。這種特點，加上魏晉人物品鑒之風的影響，使後世書論家論及書法之美，大體走的是以書喻人、人書互顯的路子。如南朝書畫家袁昂《古今書評》云：

> 王右軍書如謝家子弟，縱復不端正者，爽爽有一種風氣。
>
> 王子敬書如河洛間少年，雖皆充悦，而舉體沓拖，殊不可耐。
>
> 羊欣書如大家婢爲夫人，雖處其位，而舉止羞澀，終不似眞。
>
> 徐淮南書如南岡士大夫，徒好尚風範，終不免寒乞。
>
> 阮研書如貴胄失品次，叢悴不能復排突英賢。

〔註268〕王羲之：《題衛夫人〈筆陣圖〉後》。

> 王儀同書如晉安帝，非不處尊位而都無神明。
>
> 施肩吾書如新亭傖父，一往見似揚州人，共語便音態出。
>
> 陶隱居書如吳興小兒，形容雖未成長，而骨體甚駿快。
>
> 殷鈞書如高麗使人，抗浪甚有意氣，滋韻終乏精味。
>
> 袁崧書如深山道士，見人便欲退縮。
>
> ……
>
> 衛恒書如插花美女，舞笑鏡臺。〔註269〕

　　漢末魏晉是中國書法創作的繁榮時期，這一時期的書論大多涉及書法的用筆和結體方式，對創作具有指導性。與此比較，自南北朝始，對前朝書法的品鑒成爲書法理論的主要內容。品鑒者更多注意書法的外在形式表現，即通過書法的形貌風神來把握不同書家的風格特點。這種變化，從時代性因素看，明顯是受了魏晉人物品藻的影響，像上引袁昂的書論，與《世說新語》中品鑒人物的方式是一致的。從書法理論自身的沿革看，前朝對書法結體方式的身體性認定，明顯爲後來關於書法的身體性聯想提供了可能性。也就是說，如果書法創作本身就是在以身體爲範式自我建構，那麼與此相關的品鑒必然可以從中發現人體化的形貌特徵。從這種情況看，內在的「骨體」與外在的「形容」共同構成了魏晉書法的身體性。後人所謂的「晉人尚韻」之說，正是注意到了當時書法在內外互滲、表裏互顯中形成的「人化」的韻致和特徵。

四、繪　畫

　　在中國藝術中，書與畫具有緊密的聯繫。如清人周星蓮云：「字畫本自同工。字貴寫，畫亦貴寫。以書法透入於畫而畫無不妙；以畫法參入於書而書無不神。故曰：善書者必善畫，善畫者必善書。」〔註270〕兩漢至魏晉，中國書法逐漸從文字書寫演變爲一門獨立的藝術，繪畫也大體經歷了相似的歷程。下面以這一時期的人物畫爲例，看它如何通過對身體的表現逐步獲得自身的獨立。

　　漢代人物畫題材廣泛，形式多樣，內容涉及先代聖賢、功臣名將、嬪妃藝伎、神話人物，有帛畫、壁畫、漆畫、畫像磚石等多種表現形式。結合這

〔註269〕見張彥遠：《法書要錄》卷二。
〔註270〕周清蓮：《臨池管見》。

一時期的畫論和畫迹遺存，大體可以發現以下兩個方面的特點：

首先，漢代繪畫追求人物形象的真實性。這一時期的畫家不是後世意義上的文人或藝術家，而是被皇家御用的畫師或民間畫匠。這種被雇傭的地位和身份，決定了繪畫不可能是畫家自由意志的表達，而只可能是對雇主意圖的有效貫徹；對於畫家來講，繪畫也只是一種謀生的技能，而不可能過多反映自己的審美趣味和價值理想。在這種背景下，人物畫，尤其是其中的肖像畫，是否能做到真實再現人物，就成了檢驗畫家技能、滿足雇主需要的最基本條件。在《西京雜記》中，西漢著名的文獻學家劉歆曾經對當時的宮廷畫師有如下記載：「元帝後宮既多，不得常見，乃使畫工圖形，案圖召幸之。……畫工有杜陵毛延壽，爲人形，醜好老少必得其真。安陵陳敞，新豐劉白、龔寬，並工牛馬飛鳥眾勢，人形好醜，不逮延壽。」〔註271〕從這段話看，當時人物畫之所以追求「必得其真」，顯然與它的功能有關。皇帝通過肖像畫選美，這意味著既不能對畫中人物故意誇飾，也不能刻意貶低，而是要忠實地再現出人物的原有面貌。另外，《漢書》中也記有漢武帝命人爲金日磾的母親畫像的例子。其中講道：「金日磾母，教誨兩子甚有法度，上（武帝）聞而嘉之，詔圖畫於甘泉宮，署曰休屠王閼氏。日磾每見畫常拜，鄉之涕泣，然後乃去。」〔註272〕金日磾每次見到母親的肖像就折身下拜並流淚哭泣，說明當時的宮廷畫師確實能夠滿足人們對肖像畫真實性的要求。

在《漢書》和《後漢書》中，關於此類紀念性人物畫像的記載不下數十處。這些畫像與上述宮女圖一樣，人物摹寫的目的都不在藝術創造，而在於使畫中人物產生如在目前的在場感。也就是說，漢代人物畫是依附於畫面背後的真實人物而存在，而不是以其自身而存在；它的真實不是藝術表現的真實，而是對現實人物逼真再現的真實。也說明當時的人物畫尚不具有獨立於人物之外的價值，只是一種替代性影像。

其次，漢代重視人物畫的政治和道德價值。據王延壽《魯靈光殿賦》，漢代前期既有此類人物畫存在。如建於景帝時期的靈光殿，其壁畫人物上及三皇五帝，下及淫妃亂主，忠臣孝子，烈士貞女，圖繪的目的即是「惡以誡世，善以示後」。〔註273〕武帝之後，受儒家價值觀念的影響，政治和道德教化成了

〔註271〕劉歆：《西京雜記》卷二。

〔註272〕《漢書》卷六十八《金日磾傳》。

〔註273〕王延壽：《魯靈光殿賦》，見《昭明文選》卷十一。

兩漢人物畫的最重要主題。比如漢宣帝時，曾將 11 位名臣的肖像圖繪於麒麟閣，以示獎掖和表彰。漢成帝時，霍光、趙充國等名臣又被圖繪於未央宮。到東漢時期，除了延續西漢爲忠臣良將畫像的傳統外，世俗道德教化的比重在人物畫中明顯加強，內容更多涉及歷史或當世人物的孝行、貞行、獨行和學行等，目的在於爲士人和普通百姓樹立行爲楷模。正如民國畫家鄭午昌在其《中國畫學全史》中講：「光武以還，凡表行頌德之畫迹獨多，是即尚節義崇儒術之結果，而有此純爲禮教作用之風俗畫也。」〔註274〕

當政治和道德成爲人物畫的主題，欣賞者對其抱持的態度不可能是審美，而只可能是功利。如王充《論衡》記云：「宣帝之時，畫圖漢列士，或不在於畫上者，子孫恥之。」〔註275〕這裡的「子孫恥之」，顯然無關於圖畫的審美效果，而只關乎政治榮譽。又如東漢順帝時期的梁皇后，「常以列女圖畫置於左右，以自鑒戒。」〔註276〕這顯然不是繪畫對其構成了視覺或情感吸引，而是以畫中人物作爲自我警策的工具。關於這種漢代繪畫鑒賞的功利態度，曹植如下的描述應該具有代表性，即：

> 觀畫者見三皇五帝，莫不仰戴；見三季暴主，莫不悲惋；見篡臣賊嗣，莫不切齒；見高節妙士，莫不忘食；見忠臣死難，莫不抗首；見放臣斥子，莫不歎息；見淫夫妒婦，莫不側目；見令妃順后，莫不嘉貴。是知存乎鑒戒者，圖畫也。〔註277〕

另外，這種功利態度也同樣表現在一些反道德的人物畫中。如漢宣帝時，廣川王劉海陽「從畫屋爲男女裸交接，置酒請諸父姊妹飲，令仰視畫」。〔註278〕據荷蘭漢學家高佩羅考證，這應該是中國最早見於文字記載的春宮圖。這種對畫中人物的欲望態度，表面看來好像是和上文所言的倫理態度是對立的，但在指向實用功利上卻具有一致性。或者說，它們分別在道德與反道德的兩極表現出對繪畫作爲審美對象這根本特性的偏離。

以上是漢代人物畫創作及價值取向的大致情況。到東漢後期，這種情況逐漸發生了改變。首先是創作隊伍的變化。除畫工之外，當時一批有學識和藝術修養的文人士大夫開始介入繪畫創作，代表人物有張衡、趙岐、劉褒、

〔註274〕鄭午昌：《中國畫學全史》，上海古籍出版社 2001 年，第 32 頁。
〔註275〕《論衡‧須頌》。
〔註276〕《後漢書‧皇后紀》下。
〔註277〕見嚴可均：《全三國文》卷十七。
〔註278〕見《漢書‧景十三王傳》。

蔡邕等。比較言之，畫工主要將繪畫作爲謀生的技術，文人士大夫則大多藉此寄寓人生趣味和價值理想。這種變化有助於促進繪畫從技術向藝術的演進。其次是繪畫審美品格的增強。今天，東漢後期士人的畫作已沒有遺存，但從後人對這一時期畫家作品的評論看，其倫理意味明顯下降，審美品格明顯增強。如顧愷之評蔡邕《小列女圖》云：「面如銀，刻削爲容儀，不盡生氣，……服章與眾物既甚奇，作女子尤麗。衣髻俯仰中，一點一畫，皆相與成其絕姿。」〔註279〕所謂「列女」，是被漢人奉爲道德楷模的婦女，繪製列女圖的目的在於對女性進行道德教育。但從顧愷之對蔡邕《小列女圖》的評價看，畫中女性「色」的一面明顯壓倒了「德」的一面，《列女圖》更宜被稱爲《美人圖》。這種走向審美的趨勢，與漢末辭賦的精緻化、隸筆的美化，反應了那一時期藝術的總體走向。第三是藝術評價標準的變化。漢代畫論，至曹魏時期依然在強調繪畫的倫理價值，這從曹植的《畫贊序》可以看的十分清楚，但對其審美價值的肯定在東漢後期已出現了萌芽。如張華《博物志》記云，漢桓帝時期，劉褒「曾畫《雲漢圖》，人見之覺熱；《北風圖》，人見之覺涼」。〔註280〕這種「涼」和「熱」顯然與道德無關，而是近於審美體驗。另如蔡邕上桓帝《七事表》云：「夫書畫辭賦，才之小者，匡國理政，未有其能。」〔註281〕這段話看似對繪畫價值的貶低，但就此前士人極少介入繪事而論，這裡將畫與書、辭賦並列，卻是對其價值的重要提升。同時，蔡邕對「書畫辭賦」與「匡國理政」的區隔，有助於將繪畫的價值限定在審美的範圍之內，防止在政治、倫理層面作無限的附加和提升。

漢末人物畫在創作主體、繪畫風格、價值評判方面發生的變化，爲魏晉人物畫創作更趨審美化、個性化做了鋪墊。從這一時期的畫論看，有如下兩點值得注意：一是藝術的主體地位得以確立。如陸機云：「丹青之興，比雅頌之述作，美大業之馨香。」〔註282〕這與曹丕在《典論‧論文》中對文章的定位一樣，看似在強調繪畫的社會政治價值，但卻是對其審美價值的充分肯定。所謂「美大業之馨香」，是將美視爲繪畫所要實現的根本目標。即便其中涉及社會政治倫理問題，也是從美出發對這些問題的觀照，而不是將其視爲無關緊要的東西。二是藝術表達日益個性化。如晉人王廙云：「畫乃吾自畫，書乃

〔註279〕顧愷之：《魏晉勝流畫贊》，見《歷代名畫記》卷五。

〔註280〕見張彥遠：《歷代名畫記》。

〔註281〕《後漢書‧蔡邕傳》。

〔註282〕見張彥遠：《歷代名畫記》卷一《敘畫之源流》。

吾自書。」〔註283〕顧愷之云：「夫人心之達，不可或以眾論。執偏見以擬通者，亦必貴觀於明識。」〔註284〕這是注重藝術個性的魏晉士人的典型表達方式。按照這種觀點，漢代人物畫的眞實原則和道德原則，必然會讓位於個性的和審美的原則。於此，藝術的獨立和人的獨立成爲同一問題的兩個方面。

人物畫的核心問題就是如何表現身體的問題。前文，我們曾將魏晉書法在結體方式上與人體的同構性作爲其走向成熟的標誌，這種認識對人物畫顯然並不適用，因爲人物畫本身表現的就是身體。但是，同是對身體的表現，藝術的與非藝術的方式顯然又有重要的區別，比如，對人體的摹寫如果只重眞實，而忽視審美，這只能算人物圖象，而不能算人體藝術。同樣，如果人體摹寫不能反映藝術家的創作個性的審美理想，而只是機械臨摹，那麼這只能算一種工匠式的技術勞動。從這兩點看，人物畫對人體的表達，是按照身體美的規律造型，而不是按其自然的規律造型；是藝術家通過心靈對摹寫對象的二度創造，而不是對其本然樣態的復現。從魏晉時期人物畫的創作實踐看，當時畫家對這兩點是有自覺認識的。如《世說新語·巧藝》記云：「顧長康好起人形，欲圖殷荊州，殷曰：『我形惡，不煩耳。』顧曰：『明府正爲眼爾。但明點童子，飛白拂其上，使如輕雲之蔽日。』」在此，美顯然成了藝術表現與生活實存相區別的標誌。又如顧愷之云：「凡畫，人最難，次山水，次狗馬，臺謝一定器耳，難成而易好，不待遷想妙得也。」〔註285〕這裡的「遷想妙得」則明顯包含著藝術家對畫中人物的獨特理解和巧妙構思。它不再是人體本身，而是被主體心靈建構的形象。

通過以上分析可以看到，魏晉人物畫對人的表現之所以是藝術的，顯然不在於它再現了身體的現實，而在於達到了對身體本質的洞見。那麼，魏晉畫家理解的身體的本質是什麼？如《世說新語》云：

> 顧長康畫人，或數年不點目睛。人問其故，顧曰：「四體妍蚩無關妙處，傳神寫照，正在阿堵中。」〔註286〕

從這段話看，顧愷之所理解的身體的本質就是「神」，它集中於人的眼睛，構成了人體美的核心。人物畫的關鍵就在於抓住這個最能凸顯人物神采的部分。那麼，什麼是人體的「神」？對於這一問題，雖然顧愷之認爲「神」來

〔註283〕《畫孔子十弟子贊》，見《歷代名畫記》卷五。
〔註284〕《魏晉勝流畫贊》，見《歷代名畫記》卷五。
〔註285〕《魏晉勝流畫贊》，見《歷代名畫記》卷五。
〔註286〕《世說新語·巧藝》。

自眼睛的傳達，但事實上，眼睛只不過是「神」的載具，它不可能是「神」本身。由此看，這一對人物畫具有決定意義的東西，就不是身體的實存，而是虛存。或者說，魏晉人物畫從根本意義上講，它的核心點並不在人體之實，而在精神之虛。畫中人物之所以是美的，是因爲「以形寫神」，即人物的形體實現了向這一虛存對象的迫近和聚集。

魏晉時期文人畫家輩出，如曹不興、衛協、王獻之、顧光寶、王慄均名重一時，但惟有顧愷之堪稱這一時代的代表人物。比如，謝安稱其「蒼生以來未之有也」，〔註287〕張彥遠云：「自古論畫者，以顧生之迹，天然絕倫，評者不敢一二。」〔註288〕但從中國繪畫史看，相反的評價也並非沒有。如謝赫在其《古畫品錄》中，將三國至宋齊間的畫家分爲六品，顧愷之僅列三品，認爲他的畫「迹不逮意，聲過其實。」

謝赫之所以貶低顧愷之，顯然與兩人對人體美認識的差異有關，也與時代審美風尚的變化有關。比較言之，顧愷之畫人物重傳神，追求對形體有限性的超越。如《晉書》云：「愷之每重嵇康四言詩，因爲之圖，恒云：『手揮五弦易，目送歸鴻難。』」〔註289〕這裡的「目送歸鴻」，預示著畫中人物的精神對其當下身體的游離，而不是將精神固定在身體之內。相反，從謝赫「六法」看，他更看重畫中人物形體的建構，「六法」中的「骨法用筆」、「應物象形」、「隨類賦彩」、「經營位置」、「傳移摹寫」都是針對形體的。另一法「氣韻生動」，看似與顧愷之的「傳神寫照」類似，但謝赫更看重的是形體自身的生機和韻致，而不是從形體遺出的風神和飄逸。謝赫所謂的「形不逮意」，其本意就是顧愷之的畫「形沒有逮住意」，即：形體缺乏對意（神）的限定，從而導致了神的飄離。但這顯然正是顧愷之畫人物追求的審美意味所在。另外，從被謝赫列入「第一品」的陸探微、曹不興、衛協的畫風看，他們在人物造型上的用力都要超過顧愷之。像曹不興以畫佛像著名，相傳孫權命其畫屏風，誤落墨點，被他順勢畫成了一隻蒼蠅，結果孫權誤以爲眞，竟用手去拍。又如張懷瓘《畫斷》云：「象人之美，張得其肉，陸得其骨，顧得其神。」〔註290〕其中的「陸得其骨」，明顯是指陸探微更重視人物畫的形式建構，而

〔註287〕見《晉書》卷九十二《顧愷之傳》。
〔註288〕《歷代名畫記》卷五。
〔註289〕《晉書》卷九十二《顧愷之傳》。
〔註290〕見《歷代名畫記》。

「顧得其神」之評，則明顯是指顧愷之更重視從形式飄離出來的東西。

顧愷之人物畫以傳神爲本，這與魏晉時期追求事外遠致、虛靈脫俗的時代風尚有關。謝赫生活在南朝齊梁之間，這正是文學藝術領域形式主義興起的時期，如以沈約爲代表的「永明體」，將魏晉文學精神的自覺進一步發展爲形式的自覺。傳統意義上文學內容對形式的決定性，至此讓位於形式對內容的先在規定。謝赫的畫論應是對這種時代潮流的回應。另外，謝赫，包括他推崇的陸探微，都做過宮廷畫家。宮廷畫爲統治者服務，對視覺形式的要求必然大於文人畫對寫意的要求。這也是他更重視形式建構的原因之一。但必須注意的是，謝赫重視形式，並不是不要意味或傳神，相反，在他的「六法」中，「氣韻生動」又是被列於首位的。從這點看，他與顧愷之的區別，不是重形與重神的區別，而是一個重視形對神的包蘊，另一個重視神對形的超越。或者說，謝赫是將人物畫視爲有意味的形式，顧愷之則是將人物畫視爲有形式的意味。這種差別反映在繪畫的身體建構上，謝赫明顯更重視繪畫對人的整體表現——人物的神采不是來自眼睛或身體的局部，而是來自被骨法結構所構建的整個身體。所謂「氣韻生動」，正是指這種既被形體規定又流溢於形體之間的生命感。

至此可以看到，中國人物畫自兩漢至魏晉，逐漸捨棄了現實的身體，然後用藝術的方式重建了它。這種重建遵循著與日常認識方式相反的邏輯，即：不是從人體的外觀到內在本質，而是首先抓住本質然後向外觀漫延。這種本質就是顧愷之的神和謝赫的骨法。其中，神外化爲形貌，表現爲人體風神；骨法外化爲骨相，表現爲人體的堅固性和力量感。兩者的結合呈現出既源於生活又高於生活的人體形象，即人體作爲藝術的形象。

餘論：中國古典美學中的身體及其映像

　　2002 年，美國哲學家理查德・舒斯特曼（Richard Shusterman）的《實用主義美學》在中國出版。在這本書的末章，他提出了建立「身體美學（Soma-Aesthetics）」的設想，並聲稱「受到了中國哲學和其他古代亞洲哲學的鼓勵」。〔註1〕但是，舒斯特曼實用主義哲學的背景，明顯制約了他對中國美學中身體問題的理解。在他看來，「中國文化將對身體的理論肯定與改善我們運動與人精神集中能力的實際身體訓練（諸如太極拳）的發展結合起來，使我們的行為變得更加高雅，使我們的意識變得更加愉快和敏銳。」〔註2〕這種對身體價值的認識，對於向來重道不重技、重精神不重實用的中國美學而言，是趨於末流的。那麼，中國美學中的身體是什麼，它對建構中國古典美學、藝術理論到底具有什麼意義？在這本著作的最後，我將試圖回答這些問題，並對舒斯特曼劃定的身體美學的邊界進行一個東方式的拓展。

一、關於身體的哲學和美學定位

　　中國哲學在形而上層面講天道自然，但其落腳點則是人當下的身心性命。對人存在命運的關切是中國哲學和美學的基本主題。那麼，人在世間如何存在？對這一問題，我們可以從精神層面做出多種闡釋，但對中國哲學而言，物理性的身體卻構成了人存在的現實形態，而所謂的自我關切則最根本地表現為對人作為身體存在的關切。如老子云：「吾所以有大患者，為吾有身，及吾無身，吾有何患。」〔註3〕對道家而言，解決這種「大患」的途徑是「全

〔註1〕 理查德・舒斯特曼：《實用主義美學》，商務印書館 2002 年版，第 5 頁。
〔註2〕 理查德・舒斯特曼：《實用主義美學》，商務印書館 2002 年版，第 5 頁。
〔註3〕 《道德經》第十三章。

德貴身」。比較言之，儒家更重視人的社會責任，但這種責任的實現，則依然是以身體的直接在場和身體性的自我規訓爲起點。如孟子云：「人有恒言，皆曰：『天下國家』，天下之本在國，國之本在家，家之本在身。」〔註4〕《大學》云：「自天子以至於庶人，一是皆以修身爲本。其本亂而末治者否矣。」〔註5〕

那麼，什麼是中國古典美學中的身體？顯然，在對人自身的認識上，中西方是存在差異的。西方哲學自古希臘畢達哥拉斯始，靈魂與肉體對立、靈魂統攝肉體是人對自身的基本認識。同時，由於人的靈魂來自神界，所謂的身體也就成了純物質的肉體（這也是舒斯特曼將中國身體哲學的意義限定在身體訓練的原因所在）。而在中國，身體是一個以肉體爲基礎、靈肉統一的有機整體。精神不是身體的統攝者，則是身體的產品。比如就身心關係而論，孟子講：「耳目之官不思……心之官則思。」〔註6〕在這句話中，孟子雖然將心視爲比耳目更高級的器官，但它依然是身體的生理組成。它的「思」的能力來自於身體器官從生理向心理的生發功能。《淮南子》也認爲，人的身體包括「形神氣志」四個方面，四者「各居其宜」才能達到生命的安泰。〔註7〕這四個方面，除了「形」類似於西方的肉體外，神、志、氣都具有精神的屬性。由此看，中國人所說的身體，一方面指肉體存在的堅實性，另一方面則是人關於自我認知的集合。或者說，身體這一概念既包括生命、情感、思想和精神，又以形體的方式顯現爲可以目視眼觀的感性對象。這是一種構成性的全能身體。只有理解了這一點，我們才能理解爲什麼中國儒家將修身、正身，道家將貴身、治身視爲人生在世的根本任務。

除了對身體的構成性認知外，中國哲學關於身體內在本質的認識也深具特色。比如，自先秦以至兩漢的道家哲學，一直將人和動植物的身體均視爲自然之氣的凝聚，即所謂「合六氣之精以育群生」。〔註8〕以這種「氣化論」或「元氣自然論」爲基礎，人的生死一方面表現爲形體的存在和消失，另一方面則更根本地表現爲氣的聚合和散逸。如莊子云：「人之生，氣之聚也。聚則爲生，散則爲死。」〔註9〕據此，莊子甚至克服了由喪妻帶來的巨大痛苦。

〔註4〕 《孟子·離婁上》。
〔註5〕 《禮記·大學》。
〔註6〕 《孟子·告子上》。
〔註7〕 《淮南子·原道訓》云：「形神氣志，各居其宜，以隨天地之所爲。夫形者，生之所也；氣者，生之充也；神者，生之制也。一失位則三者傷矣。」
〔註8〕 《莊子·在宥》。
〔註9〕 《莊子·知北遊》。

如《莊子·至樂》篇云：

> 莊子妻死，惠子弔之，莊子方箕踞鼓盆而歌。惠子曰：「與人居，
> 長子老身，死不哭亦足矣，又鼓盆而歌，不亦甚乎！」莊子曰：「不
> 然。是其始死也，我獨何能無概！然察其始本無生：非徒無生也，
> 而本無形；非徒無形也，而本無氣。雜乎芒芴之間，變而有氣，氣
> 變而有形，形變而有生。今又變而有死。是相與為春夏秋冬四時行
> 也。」

在這段話中，莊子對人體的形成做了一個重要的陳述。首先，「雜乎芒
乎之間」，說明人的生命起於原始的混沌或本無。其次，「芒芴」向氣的演變，
說明氣是由「無」生成的最原初的「有」，或者說是混沌生成的最本源的清
晰。第三，「氣變而有形，形變而有生」，說明氣的運化不但形成了人的形體，
而且形成了人的生命。也就是說，身體的存在以氣的聚散為標誌，氣構成了
使身體成為身體、使生命成為生命的內在本質。這種觀點，也被他同時代或
後世的儒、道思想家進行了大致相同的表述。如孟子云：「氣，體之充也。」
〔註10〕《淮南子》云：「夫形者生之舍也，氣者生之充也。」〔註11〕比較言
之，孟子將人體視為氣充盈的形式（「體之充」），其中的氣與體似乎還有二
分的痕跡。但對於《淮南子》，氣則不但充盈形體，而且充盈生命。在此，
氣作為生命化的身體之元質的特性得到了更徹底的肯定。

當中國哲學將人的存在具體為身體的存在，並用身體的有機性克服靈肉
對立的機械性，用氣的一元性統攝身體組成要素的多元性，身體也就不僅僅
是一個哲學問題，而進一步成為美學問題。首先，由於氣的運化不僅形成人
物質性的肉體，而且形成生命。這種定位意味著身體既是一個物理的事實，
又是有機的生命形式。可以認為，正是作為生命存在的屬性，使身體超越了
單純作為靈或肉被討論的機械性，可以在兩者之間進退自如。這是一種建立
在存在論、生成論基礎上的身體觀，與美學對生命意味、身心和諧的要求相
一致。其次，人體的感性特徵與美學作為感性學的規定是統一的。1750 年，
德國理性主義者鮑姆迦通將美學定位為感性學，認為美學研究的對象是人的
感性認識能力。此後，美學研究基本圍繞兩個問題展開，即人和人工製品（包
括作為精神產品的藝術美和作為物質產品的社會美）。美學，不管是研究人還

〔註10〕《孟子·公孫丑上》。
〔註11〕《淮南子·原道訓》。

是他的創造物，主體性的人都構成了它的核心，這也是人們總是講「美學即人學」的原因所在。但從鮑姆迦通對美學的感性定位看，「人」這一範疇太過抽象，太過大而化之，以此為核心建構的美學帶有過於濃重的玄學意味。比較言之，身體則代表了人最感性的側面——不但它的存在方式是感性的，而且由此生發的認識能力，比如五官的感覺力，也是肉身性的。身體這種既作為審美主體又作為審美對象的雙重感性特徵，決定了它更適宜成為美學研究的對象，也決定了關注人的身體的中國哲學具有鮮明的美學特性。

同時，對於中國古典美學而言，由於人體被視為生命之氣充盈的形式，它的感性品質就不能簡單地等同於人體美。比如孟子，他將人體理解為「氣之充」。為了提升人內在心志和生命的質量，他主張「持其志，勿暴其氣」，〔註12〕認為修身的目的就是實現內在生命和精神力量（「我善養吾浩然之氣」）的聚集。這種聚集的勢能，又反過來向外散發出人體的感性光輝。即所謂「充實之謂美，充實而有光輝之謂大。」〔註13〕由此看，這裡的人體美即在形體本身，又在內部力量的外顯。是內蘊豐富的有意味的形式。

二、身體與世界的同質與互化

中國美學以氣的本源性打破了靈與肉、形與神、身與心的兩離，從而使對身體的審美考察具有了內在深度。與此對應，身體與世界的關聯則是對其審美表現的空間性拓展。在中國美學中，這種拓展以身體與世界的同質性為基礎，然後通過身體的世界化和世界的身體化，打破了各自的限定，使雙方審美關係的建立成為可能。

按照中國哲學的元氣自然論，不僅人的身體來自氣的化生，而且天地萬物都是一氣運化的結果，即所謂「通天下一氣」。這種觀點，為人與自然審美關係的建立奠定了物性論的基礎。葉朗在《中國美學史大綱》中，曾對氣與萬物的生成關係做過精彩的闡釋。如其解老子「道生一，一生二，二生三，三生萬物」云：「這是老子的宇宙發生論。『道』產生混沌的『氣』（『一』），混沌的『氣』分化為『陰』、『陽』二『氣』（『二』），萬物就從陰陽二氣交通和合中產生出來。所以萬物的本體和生命就是『氣』，也就是『道』。」〔註14〕從這種解釋看，如果世間萬物都被視為氣的化生，那麼，這種氣就構成了包

〔註12〕《孟子·公孫丑上》。
〔註13〕《孟子·盡心下》。
〔註14〕葉朗：《中國美學史大綱》，上海人民出版社1985年版，第27頁。

括人體在內的萬物的共同本質。以此爲基礎的審美活動，可能在現象層面依
然表現爲對萬物形體差異的感性直觀，但在本質上，則表現爲對人與世界一
體同氣關係的體認。

《莊子・則陽》云：「天地者，形之大者也；陰陽者，氣之大者也；道者
爲之公。」也就是說，道是形、氣的共同主宰，或者說道生氣、氣化形。據
此不難看出，道作爲一個比形、氣更高的範疇。如果元氣自然論可以導出天
人同體之觀念，那麼，道對天人的貫通則明顯比氣更具本源性。在道家哲學
中，道與氣的關係是體與用的關係，道對萬物的貫通最直接地體現在它萬物
皆有道性的觀念。如《莊子・知北遊》錄莊子與東郭子對話云：

> 東郭子問於莊子曰：「所謂道，惡乎在？」莊子曰：「無所不在。」
> 東郭子曰：「期而後可。」莊子曰：「在螻蟻。」曰：「何其下邪？」
> 曰：「在稊稗。」曰：「何其愈下邪？」曰：「在瓦甓。」曰：「何其
> 愈甚邪？」曰：「在屎溺。」

萬物皆有道性。這種觀念加上道家的元氣自然論，可以導出關於人體與
世界關係的兩點判斷：首先，萬物因共同作爲道的載體或道性的體現，獲得
了無差別的平等。其次，氣作爲道之用，它充盈於包括人體在內的一切事物
中。氣運動的特性，意味著作爲氣之聚合形態的人體和萬物，都包含生命動
能。在此，建立在道論基礎上的萬物皆有道性和建立在氣化論基礎上的萬物
皆有生命，分別在哲學本體論和宇宙生成論兩個層面，爲理解身體與世界的
一體關係提供了背景。

在中國道家哲學中，人與自然是一對不對稱的概念。從認識論層面看，
人作爲認識主體，可以超拔於自然之外；但在存在論層面，他則依然是自然
的有機組成。同時，自然即自然而然，是一切存在物自由本性的最高體現。
這樣，人與自然的關係，就不但意味著他應回到原本在自然中佔據的位置，
而且意味著這種復歸就是重新走向自由。這裡尤需注意的是，道家講人向自
然的回歸，並不單指精神與自然對象的重新切近——即當代美學中常常提到
的「人的自然化」，而是講人整體性的奄然遷化。《莊子・大宗師》和《人間
世》、《至樂》諸篇，曾寫到許多「有人之情，無人之形」的畸人。這些人向
自然的變化是身體性的。莊子所謂的「畸於人而侔於天」，[註15] 就是要求人
不但情感上與自然親近，而且要最直觀地表現爲人的體徵酷肖自然，即身體

〔註15〕《莊子・大宗師》。

的自然化。

在《齊物論》的末章，莊子將人向自然的這種身體性變化稱爲「物化」。如其所言：「昔者莊周夢爲胡蝶，栩栩然胡蝶也。自喻適志與！不知周也。俄然覺，則蘧蘧然周也。不知周之夢爲胡蝶與？胡蝶之夢爲周與？周與胡蝶則必有分矣。此之謂物化。」在莊子時代，夢並不被視爲虛幻，而是人另一種眞實的存在形式。所以莊周與胡蝶的互化與畸人的形變，都代表著人存在的另一種現實性。這裡，莊子與胡蝶的「必有分」，是指人與物在形體或物種上存在分際，但是，這種分際卻因爲雙方稟承道性和元氣的一致被輕易跨越，美醜善惡的兩極性也在向其本質（氣）的還原中被抹平。正如莊子云：「是其所美者爲神奇，其所惡者爲臭腐。臭腐復化爲神奇，神奇復化爲臭腐。故曰：通天下一氣耳。」〔註16〕

從以上分析可以看到，中國道家美學的「人的自然化」，既不是對人自然欲望的肯定，也不是人對自然的移情，而是人的身體向自然世界的整體移入。這種移入之所以是可能的，是因爲身體與世界一氣貫通的同質性居於主導地位，形體差異只是現象表徵。進而言之，人的身體向自然的生成之所以是一個美學問題，原因在於這種變化使人超越了種屬的限定，在一個更廣闊的時空區間內實現了自由。比如莊子通過化蝶，被肉體所拘的「蘧蘧然」轉化爲生翼而飛的「栩栩然」。於此，肉身的限界被打破，自由通過形變得以實現。在《大宗師》中，生病的子輿身體發生畸變——「曲僂發背，上有五管，頤隱於齊，肩高於頂，句贅指天」，〔註17〕但他對這種變化卻給予了高度肯定。如其所言：「浸假而化予之左臂以爲雞，予因以求時夜；浸假而化予之右臂以爲彈，予因以求鴞炙；浸假而化予之尻以爲輪，以神爲馬，予因以乘之，豈更駕哉！」〔註18〕這種形變之所以值得讚頌，就是因爲人藉此衝破了自身的局限，使身體展示自由的空間得以拓展。

但必須注意的是，用人與物的互生互化克服身體的局限，並不是中國美學身體之思的最終目標。這是因爲，像人體因種屬限定而表現出諸多局限一樣，自然物也各有其無法克服的局限性。在這種背景下，人靠自身的「物化」而獲至的自由就依然是有限的。或者說，一種絕對自由的人體的實現，除了

〔註16〕 《莊子‧知北遊》。
〔註17〕 《莊子‧大宗師》。
〔註18〕 《莊子‧大宗師》。

人、物之間橫向的化生之外，更重要的途徑只能是衝破一切外在限制，讓人體向絕對的自由之境垂直上昇。在《逍遙遊》中，莊子描繪了一位兼具異能、神迹而又美麗絕倫的神人，以此表達這種超越性的身體理想。如其所言：

> 藐姑射之山，有神人居焉。肌膚若冰雪，淖約若處子；不食五穀，吸風飲露；乘雲氣，御飛龍，而遊乎四海之外；其神凝，使物不疵癘而年穀熟……之人也，物莫之傷，大浸稽天而不溺，大旱金石流、土山焦而不熱。是其塵垢粃糠，猶將陶鑄堯舜也。〔註19〕

對於今人而言，這種神人也許僅具有幻想的意義，但對中國古代道家，尤其是後起的道教而言，卻是可以通過修煉達成的目標。按照中國哲學的元氣論，人的生死定於氣的聚散，所以葆有元氣是人長生的條件。同時，由於氣化狀態代表著人體最不受羈絆的狀態，所以從肉身向氣的擢升又是人獲得自由的途徑。從這種情況看，擺在人面前的就有兩條路，一是因氣的發散而向死亡下降，一是因身體的氣化而向自由之境升騰。這中間，如果人既要避免死亡又要實現氣化的自由，惟一的辦法就是學會如何煉氣和守氣，由順應自然轉向利用自然再造人的身體。關於這種身體實踐，莊子曾舉列子與關尹子的對話云：

> 子列子問關尹曰：「至人潛行不窒，蹈火不熱，行乎萬物之上而不慄。請問何以至於此？」關尹曰：「是純氣之守也，非知巧果敢之列。」〔註20〕

從這段對話看，至人之所以具有超人的異能，關鍵在於守住了所謂的「純氣」。莊子在《大宗師》篇中又講：「眞人之息以踵，眾人之息以喉。」這是說眞人具有與眾人不同的呼吸方式。後世的道教，正是以道家這種關於氣與人體關係的認識爲依據，發展出了一套食氣、辟穀的成仙術。如漢代王充云：「凡能輕舉於雲中者，飲食與人殊故也。……若士者食物如不食氣，則不能輕舉矣。」〔註21〕

氣少身重，氣盈身輕。按照這種觀點，藐姑射山神人之所以能高飛遠舉，源於他的「不食五穀」（辟穀）和「吸風飲露」（食氣）；之所以能「肌膚若冰雪，綽約若處子」，則是因爲他像氣一樣潔淨與輕盈。這種身體理想和實踐，

〔註19〕 《莊子・逍遙遊》。
〔註20〕 《莊子・達生》。
〔註21〕 《論衡・道虛篇》。

爲後世中國人的身體訓練（如氣功和輕功）提供了範本，並在中國文學藝術史中造就了大量「無翼而飛」的藝術形象。比如，中國的洛神與西方的天使不同，她不借助翅膀即可直接飛升；武俠小說中的人物往往可以以身輕如燕、上天入地。從這種情況看，建立在元氣自然論之上的中國美學中的身體，它的自由不僅體現在與自然互化的層面，而且最終要以氣化的形式超拔於自然之外。

三、作爲身體映像的自然

在天人二分的認知格局中，天與人是互證、互解的關係。中國哲學在其起點處，由於認定人與萬物同爲道、氣的載體，所以它不像西方哲學傾向於辨天人之異，而是通過兩者的互證獲得宇宙萬物的一體性。這種求同的認知方式意味著，理解了人也就理解了天（自然）。從身體層面講，則是將人體視爲天地萬物的縮影，理解了人體即理解了世界。如《呂覽》云：「天地萬物，一人之身也。」〔註22〕董仲舒云：「察身以知天也。」〔註23〕揚雄云：「聖人有以擬天地而參諸身。」〔註24〕但是，在人體與世界之間，人體是有限的，世界是無限的。如果外部世界以人體的方式被理解，那麼由此得出的世界就很難說是它自身，而只可能是被人體建構的世界。

以身體建構世界，其前提是將世界想像爲人的身體。在一般意義上，我們可以按照「以己度物」的原則，將對象世界想像爲像人一樣有意志、有情感，從而克服對外部世界的陌生感。但在極端意義上，如果世界像人一樣有情有性，那麼它也極有可能像人一樣有一個完整的身體。在中國哲學和美學中，這種建立在「察人以知天」基礎上的關於世界的身體想像，集中表現在漢代，其理論形式即是所謂的「天人相副」論。如《淮南子》云：

> 夫精神者，所受於天也；而形體者，所稟於地也。……故頭之圓也象天，足之方也象地。天有四時、五行、九解，三百六十六日。人亦有四肢、五臟、九竅，三百六十六節。天有風雨寒暑，人亦有取予喜怒。故膽爲雲，肺爲氣，肝爲風，腎爲雨，脾爲雷，以與天地相參也，而心爲之主。是故耳目者，日月也；血氣者，風雨也。

〔註22〕《呂氏春秋·有始覽》。
〔註23〕《春秋繁露·郊祭》。
〔註24〕《法言·五百》。

〔註 25〕

按照《淮南子》的類比，人有精神形體，對象世界有天地，天地也就因此成爲對象世界的精神和形體；人有耳目，天有日月，日月也就因此成了天的耳目；人有血氣，天有風雨，風雨也就成了天的血氣；人有膽肺腎肝脾，天有雲氣風雨雷，雲氣風雨雷因此成了天的臟器。依此類推，風雨寒暑是天的四種情感，三百六十六日是天的骨節、八方加中央是天的九竅，金木水火土是天的五臟，春夏秋冬是天的四肢，圓型的天空是天的頭，方的大地是天的足。至此，原本物理性的世界完成了身體性的改造，所謂自然的人化，也在這種類比聯想中更具體地表現爲自然的身體化。

與《淮南子》相比，董仲舒將這種天人相副論推及到了更具體的層面，並對以人身類天地的正當性進行了現象學式的說明。如其所言：

> 唯人獨能偶天地。人有三百六十節，偶天之數也；形體骨肉，偶地之厚也；上有耳目聰明，日月之象也；體有空竅理脈，川谷之象也；心有哀樂喜怒，神氣之類也……是故人之身，首坌而員，象天容也；髮，象星辰也；耳目戾戾，象日月也；鼻口呼吸，象風氣也；胸中達知，象神明也；腹胞實虛，象百物也；百物者最近地，故要（腰）以下地也。天地之象，以要（腰）爲帶。頸以上者，精神尊嚴，明天類之狀也；頸而下者，豐厚卑辱，土壤之比也；足布而方，地形之象也。……天地之符，陰陽之副，常設於身，身猶天也，數與之相參，故命與之相連也。〔註 26〕

比較言之，中國先秦哲學傾向於以道論和元氣自然論爲基礎，解決人與世界的同性、同質關係，漢代哲學則將這種抽象的一致具體化爲身體與世界的同體、同構關係。這種更趨感性的方式，按照徐復觀的看法——「漢人不長於抽象思維，這是思想上的一種墮退。」〔註 27〕——明顯是被否定的。但從美學層面講，卻有諸多方面值得肯定。比如，人體與天地一一對應關係的建立，使先秦抽象模糊的天人關係變得前所未有的清晰。這種清晰一方面使天地失去了因無限延展帶給人的惆悵和詩意，但另一方面，卻獲得了建築學式的結構性和形式感。有助於使其從審美眺望的對象轉換爲審美分析的對象

〔註 25〕《淮南子·精神訓》。
〔註 26〕《春秋繁露·人副天數》。
〔註 27〕徐復觀：《兩漢思想史》第二卷，華東師範大學出版社 2001 年 12 月版，第 133 頁。

（這正是中國傳統美學所缺乏的）。其次，漢人從身體出發想像自然，由此建構的世界必然是身體性的有機生命世界。它的有機性和生命性，使其進一步具有了審美性。

但如上所言，在天人之間，人畢竟是一個小範疇。將世界想像為人身固然可以拉近兩者的距離，但也就此為無限廣延的世界穿上了一件理論的緊身衣，妨礙了對其進行更多元的審美想像。同時，一個無限多樣的世界，如果我們過於細緻地設定它的某一部位對應於人體的某個部件，所生成的就是一個冰雪巨怪式的龐然大物。它不但因與人的視覺經驗矛盾而反真實，而且也會因其龐大而給人帶來巨大的心理壓力。從這種情況看，一種真正具有審美意義的天人身體觀，與其應追求雙方並置式的體同，倒不如追求留下模糊空間的類同；與其對自然進行身體式的明確定位，倒不如讓其作為人體的影像現身。

中國哲學和美學在董仲舒之後，也許意識到了將人體與天地進行形式性對應太過機械、緊繃，所以對兩者關係的認識開始變得富有彈性。其重要的表現就是由以人體為範式建構世界，轉為身體向世界的發散和敞開。如東漢《太平經》論大地的身體性云：「穿地見泉，地之血也；見石，地之肉也。取血、破骨、穿肉，復投瓦石堅木於地中，為瘡。」〔註28〕在此，大地雖然像人一樣有血肉，甚至有疾患，但它並沒有直接表現為直立的人形。或者說，它具有身體的一切屬性，而不再是人體的直接呈示物；它是人體在自然中的映像，而不再是機械摹仿。

這種人體向自然世界的發散和敞開，更形象地表現在三國時期徐整記錄的盤古神話中。神話中的盤古，以其身體的偉力創造了漢民族賴以生存的宇宙格局，然後他死了。其龐大的身軀分別化為大地上的山川河嶽、草木金石，以及天上的日月星晨。如徐整記云：

> 首生盤古，垂死化身，氣為風雲，聲為雷霆，左眼為日，右眼為月，四肢五體為四極五嶽，血液為江河，筋脈為地理，肌肉為田土，髮髭為星辰，皮毛為草木，齒骨為金石，精髓為珠玉，汗流為雨澤。身之諸蟲，因風所感，化為黎氓。〔註29〕

關於中國古典美學中人體向物體的化生，前文已有論及。盤古神話的意

〔註28〕《太平經・起土出書訣》。
〔註29〕徐整：《五運歷年紀》，見馬驌：《繹史》卷一。

義在於，它給人呈示的不是人身最終變為與人相異的自然之物，而是一幅向一切存在敞開的身體性圖景。這樣，我們既可以將自然作為人身的縮影，又可以作為人身的展開形態。以此為背景看天地萬物，它的美就不是因與人對立而彰顯其特性，而是因為可以從中發現人的印迹和投影。它像人體一樣是一個完整的生命組成，但又克服了人體千篇一律的單調性。

後世中國美學和藝術，正是在這種身體性認知中發現了自然有情、有性、有體的美的韻致。這是一種生命之美，也是身體生命之美的對象顯現。如明袁中道《遊太和記》云：「太和山，一美丈夫也。從遇真至平臺為趾……從平臺至紫宵為腹……從紫宵至天門為臆……從天門至天柱為顱，雲奔霧使，以窮山勢為最遠，此其軀幹也。左降而得南岩……又降而得五龍……皆隸於山之左臂。右降而得三瓊臺……又降而過蠟燭澗……皆隸於山之右臂。合之，山之全體具焉。」〔註30〕顯然，這種在審美者眼裏作為「美丈夫」存在的太和山，並不是太和山本身，而是被人以身體建構的太和山。

與審美活動中這種對自然的身體性認知一致，藝術創造則表現為對自然身體性構型的二次重建。於此，按照美的規律造型與按照身體的規律造型具有了同一的意義。如郭熙論山水云：

> 山，大物也……水，活物也……山以水為血脈，以草木為毛髮，以煙雲為神彩，故山得水而活，得草木而華，得煙雲而秀媚。水以山為面，以亭榭為眉目，以漁釣為精神，故水得山而媚，得亭榭而明快，得漁釣而曠落，此山水之布置也。〔註31〕

中國人將無限多樣的自然簡化為山與水。在此，如果說大地是人體式的大地，那麼以山水建構的中國藝術，必然是以山水為主幹的人體式大地的映象形式。近人論中西藝術的區別，直觀地認為西方藝術的主題是人物肖像，中國藝術的主題是自然山水，殊不知中國藝術是從自然山水中看到了人體的影像，或者說自然山水本身就是人體的另一種表現。據此可知，對人類精神的表現、對人體的深度理解依然構成了中國藝術的基本主題和結構形式。

四、作為身體映像的藝術

許慎《說文解字・序》云：「書者如也。」什麼是「如」？按《說文解

〔註30〕袁中道：《珂雪齋集》卷七《遊太和記》。
〔註31〕郭熙：《林泉高致・山水訓》。

字》：「如，從隨也。」中國文字所「從隨」的是什麼？按照漢民族「依類象形」的造字原則，這個問題並不難回答。許慎在《說文解字・序》中，曾大致復述了《易傳・繫辭》中的如下講法，即：「古者庖犧氏之王天下也，仰則觀象於天，俯則觀法於地，近取諸身，遠取諸物。」也就是說，中國文字來自於對天地法象的「觀」，對人自身及外部自然物的「取」。在這裡，需要重點注意的是「近取諸身」一句，因爲它說明，中國文字、書法以及後世相關藝術的創制，在其起點處即關涉到人的身體問題，而不僅僅是一般意義上的象天法地、對大地山川的摹擬。

藝術與人體的關係，大致可分爲兩個方面：一是將人體作爲藝術的直接表現對象，二是藝術作品在構成方式上表現出身體性特徵。從中國藝術史的實績看，摹寫人物不是主導性的傳統，它的主要對象是由山水、花鳥、田園表徵的自然。這和西方自古希臘即形成的人體藝術傳統判然有別。但是，如果據此判定中國藝術中自然的重要性壓倒了人身，則失之皮相。這是因爲，藝術可以不以人體爲直接表現對象，但並不妨礙它再現關於自然的身體映像，更不妨礙它以身體的規律構建自己的形象。

關於中國藝術以身體爲映象表現自然的特徵，前文已有論及。這裡主要探討它如何從身體出發理解藝術的特性。從中國藝術史看，這一傾向起於魏晉時期，和當時的人物品藻之風有關。如曹丕《典論・論文》云：「文以氣爲主，氣之清濁有體。」這種「文氣論」以及對氣之清濁的劃分，明顯是將秦漢時期的人體觀念移入到了對文學作品的認識中。如前所言，中國哲學將人體視爲生命之氣充盈的形式，體與氣的關係是關於人體的基本判斷。曹丕以這種關係論文學，其實是將文學作品看成了自我完成的有機身體。同時，關於氣之清濁與人體的關係，《淮南子》云：「煩氣爲蟲，精氣爲人。」〔註 32〕這裡的氣分精煩與曹丕的氣分清濁具有對應性。也就是說，美文所稟的清氣也就是人體所稟的精氣，生命之氣對人體的充盈與「文氣」對文學作品的充盈相類同。另如董仲舒云：「其官人上士，高清明而下重濁，若身之貴目而賤足也。」〔註 33〕這種對人體清、濁構成的二元劃分，也是曹丕借漢人身體觀論文氣之清濁的重要佐證。

先秦兩漢的身體理論，除了體氣論對文學構成影響外，形神骨相也是重

〔註 32〕《淮南子・精神訓》。
〔註 33〕《春秋繁露・天地之行》。

要問題。關於形神與人體的關係，前文已有論及。單就骨相或骨法而論，作為相術的重要內容，它在先秦時期已有重要影響。如荀子描述戰國時期狀況云：「相人之形狀顏色，而知其吉凶妖祥，世俗稱之。」〔註34〕到了漢代，受官府察舉取士制度和讖緯思想的影響，這種相人術有了新發展。像董仲舒的《春秋繁露》、王充的《論衡・骨相篇》、王符的《潛夫論・相列》、牟子的《理惑論》，均有大量文字講到這一問題。如王充云：「性命繫於形體。」「案骨節之法，察皮膚之理，以審人之性命，無不應者。」〔註35〕對於什麼是骨法，王充解釋道：「人命稟於天，則有表候於體。察表候以知命，猶察斗斛以知容也。表候者，骨法之謂也。」〔註36〕也就是說，骨法或骨相是人內在祿命和稟性的身體性外顯。

只要拿秦漢時期的身體理論與後世中國藝術理論做一比較，就不難看出身體之於中國藝術的重要性。或者說，魏晉以後被廣泛使用的體氣、形神、骨相、骨法，以及由此衍生的氣象、形質、筋肉、筋骨、骨氣、骨力、血脈等美學範疇，均離不開秦漢時期中國人身體認知的背景。關於這種從身體出發的美論和藝論，可參閱以下文獻資料：

衛夫人《筆陣圖》：「善筆力者多骨，不善筆力者多肉。多骨微肉者謂之筋書，多肉微骨者謂之墨豬。」

謝赫《古畫品錄》：「六法者何？一氣韻生動是也，二骨法用筆是也……」

劉勰《文心雕龍・風骨》：「怊悵述情，必始於風；沉吟鋪辭，莫先於骨。故辭之待骨，如體之樹骸；情之含風，猶形之包氣。」

李世民：「吾臨古人之書，殊不學其形勢，惟在求其骨力，而形勢自生耳。」（見《佩文齋書畫譜》卷五《唐太宗論書》）

張懷瓘：「含識之物，皆欲骨肉相稱，神貌洽然。若筋骨不任其脂肉，在馬為駑駘，在人為肉疾，在書為墨豬。」（見《書法鈞玄》卷二《張懷瓘評書》）

顏真卿《述張長史筆法十二意》：「點畫皆有筋骨，字體自然雄媚。」

〔註34〕《荀子・非相篇》。
〔註35〕《論衡・骨相篇》。
〔註36〕《論衡・骨相篇》。

張彥遠《論畫六法》：「夫象物必在於形似，形似須全其骨氣，骨氣形似皆本於立意而歸乎用筆。」

蘇東坡：「書必有神、氣、骨、肉、血，五者闕一，不爲成書也。」（見《東坡題跋》上卷《論書》）

姜夔《白石道人詩說》：「大凡詩自有氣象、體面、血脈、韻度。」
〔註37〕

上引文獻，涉及詩文書畫諸種藝術形式，具有代表性。從書法看，受漢代身體觀和魏晉人物品藻之風的影響，衛夫人首開以筋骨肉論書。這一主題，基本主宰了六朝至唐代的書法理論。到宋代，藝術日益文人化、生活化，這種變化使書法在追求骨力和法度之外，變得更加人性和柔軟。蘇東坡之所以在骨、肉之外，又加上了神、氣、血等構成要素，應反映了書法追求柔性、韻致的時代要求。就繪畫而言，謝赫六法中的「骨法用筆」，骨法一詞是對漢人骨相學範疇的直接借用；張彥遠以形似、骨氣對舉論畫，則是對謝赫骨法論的進一步闡釋和理論拓展。另外值得注意的是，詩文作爲語言藝術，本來缺乏書畫的直觀性，但劉勰以風骨論文、姜夔以氣象、體面、血脈、韻度論詩，明顯是將詩文與書畫看成了統一的形式。也就是說，上文所引的身體性範疇，不但對造型藝術有效，而且對其它藝術形式同樣適用。

正像人體是由神、氣、筋、骨、肉、血等構成的有機生命形式，當中國美學以這些範疇描述藝術時，藝術其實也就成了被身體建構的對象。就藝術與人體的共性而言，藝術有自己的形式要求。如果它能夠像人體一樣，實現各種形式要素以及內容與形式的有機統一，那麼，它必然是有情有象、有血有肉的活的藝術。在此，身體自我構成的完美度、作爲生命存在的韻致和活躍，爲藝術樹立了典範。以這種典範建構的藝術，也就必然像人體一樣成爲完美的藝術。但同時必須看到，藝術摹擬人體，但它本身畢竟不是人體，所以這種以人體爲典範的藝術，是身體的映象形式。

從中國藝術作爲身體映像的特性看，許慎在《說文解字》中提到的「書者如也」這一命題，雖然後人多從人的內在性闡釋，〔註38〕但它最終還是

〔註37〕 上引資料可參見北京大學美學教研室：《中國美學史資料簡編》（上、下卷），中華書局1985年版。
〔註38〕 如劉熙載《藝概·書概》云：「書，如也，如其學，如其才，如其志，總之曰如其人而已。」

要落實到人體「本己的堅固性」。或者說，身體的實存為其向精神層面的生發提供了一個不可還原的背景。進而言之，以身體為背景，我們既可以認識藝術的統一性，也可以描述藝術的多樣性。首先，與人體的長短、強弱、肥瘦之別一致，中國美學對藝術差異的認知往往以人體的差異為其表徵。如梁武帝蕭衍評前朝各家書體云：「王僧虔書猶如揚州王謝家子弟，縱復不端正，奕奕皆有一種風氣；王子敬書如河朔少年，皆充悅，舉體沓拖，而不可耐；羊欣書似婢作夫人，不堪位置，舉止羞澀，終不似真；陶隱居書如吳興小兒，形狀雖未成長，而骨體甚峭快。」〔註39〕那麼，被什麼樣的身體建構的藝術才是一種標準的藝術？可以認為，對這一問題的回答可以有效反映個人的審美趣味和時代性的審美風尚。如蕭衍云：「純骨無媚，純肉無力，……濃纖有方，肥瘦相和，骨力相稱，婉婉曖曖，視之不足，棱棱凜凜，常有生氣，適眼合心，便為甲科。」〔註40〕唐代書論，自李世民始推崇骨力，後世所謂的「唐人尚法」，即是指骨法結構是唐人品鑒書法之美的標準，即所謂「點畫皆有筋骨，字體自然雄媚」。宋代書論，值得注意的是將人體的肥瘦引入對書藝的審美判斷。如蘇軾云：「杜陵評書貴瘦硬，此論未公吾不憑。短長肥瘠各有態，玉環飛燕誰敢憎？」〔註41〕後來的姜夔則據此為書法畫了一幅感性化的標準形象。如其所言：「用筆不欲太肥，肥則形濁；又不欲太瘦，瘦則形枯。」〔註42〕據此可以看到，正如人體美的標準總是隨時代而變化，作為人體之映像的藝術標準也在不斷地作著調整。劉熙載云：「一代之書，無有不肖乎一代之人與文者。」〔註43〕這種書與人的相似性，首先在於它可以有效反映那一時代對人體風神氣質的審美要求。

　　以上所論，代表了中國美學以身體建構藝術的大致狀況。身體問題對藝術的介入，起碼可以在如下方面對傳統的中國藝術史觀做出校正：首先，人們一般認為，傳統藝術理論偏重講藝術的發生問題和價值問題，對藝術作品的形式結構則缺乏有效的話語體系進行分析。但從中國藝術與身體的關聯看，關於身體的話語即是關於藝術的話語。美學研究中對身體的發現，使藝術這個長期讓人「輒喚奈何」的對象在結構上變得清晰起來。其次，人們一

〔註39〕蘇霖：《書法鈎玄》卷四《梁武帝評書》。
〔註40〕張彥遠：《法書要錄》卷二《梁武帝答陶隱居論文》。
〔註41〕《蘇東坡集》前集卷三《孫莘老求墨妙亭詩》。
〔註42〕《佩文齋書畫譜》卷七《續書譜·用筆》。
〔註43〕劉熙載：《藝概·書概》。

參考文獻

1. 司馬遷撰：《史記》，中華書局 1975 年版。

2. 班固撰：《漢書》，中華書局 1983 年版。

3. 范曄撰：《後漢書》，中華書局 1965 年版。

4. 司馬光撰：《資治通鑒·漢紀》，中華書局 1956 年版。

5. 嚴可均輯：《全漢文》，商務印書館，1999 年版。

6. 嚴可均輯：《全後漢文》，商務印書館，1999 年版。

7. 費振剛輯：《全漢賦》，北京大學出版社，1993 年版。

8. 呂不韋撰，許維遹集釋：《呂氏春秋集釋》，中國書店 1985 年版。

9. 荀子撰，王先謙集解：《荀子集解》，中華書局 1988 年版。

10. 袁珂校注：《山海經校注》，上海古籍出版社，1980 年版。

11. 陸賈撰，王利器校：《新語校注》，中華書局，1987 年版。

12. 賈誼撰，閻振益、鍾夏校注：《新書校注》，中華書局 2000 年版。

13. 伏生撰，皮錫瑞疏證：《尚書大傳疏證》，臺北：新文豐出版公司 1984 年版。

14. 韓嬰撰，許維遹集釋：《韓詩外傳集釋》，中華書局 1980 年版。

15. 劉安撰，劉文典集解：《淮南鴻烈集解》，中華書局 1989 年版。

16. 董仲舒撰，蘇輿義證：《春秋繁露義證》，中華書局 1992 年版。

17. 董仲舒撰，袁長江等編：《董仲舒集》，學苑出版社 2003 年版。

18. 桓寬撰，王利器校注：《鹽鐵論校注》，天津古籍出版社 1985 年版。

19. 嚴遵撰，王德有點校：《老子指歸》，中華書局 1994 年版。

20. 劉向撰，向宗魯校：《說苑校正》，中華書局 1987 年版。

21. 劉向撰，趙仲邑注：《新序詳注》，中華書局 1987 年版。

22. 劉向撰：《列仙傳》，上海古籍出版社 1990 年版（影印本）。

23. 揚雄撰，汪榮寶疏：《法言義疏》，中華書局 1987 年版。

24. 揚雄撰，劉昭軍點校：《太玄經集注》，中華書局 1998 年版。

25. 阮元校刻本：《十三經注疏·孝經》，中華書局 1980 年版。

26. 王文錦譯解：《禮記譯解》，中華書局，2001 年版。

27. 崔爲譯注：《黃帝內經·素問譯注》，黑龍江人民出版社 2003 年版。

28. 蘇穎譯注：《黃帝內經·靈樞譯注》，黑龍江人民出版社 2003 年版。

29. 桓譚撰：《新論》，上海人民出版社 1977 年版。

30. 王充撰，劉盼遂解：《論衡集解》，中華書局 1957 年版。

31. 班固撰，吳則虞點校：《白虎通疏證》，中華書局 1994 年版。

32. 許慎撰，王貴元校箋：《說文解字校箋》，學林出版社 2002 年版。

33. 王符撰，彭鐸校：《潛夫論箋》，中華書局 1979 年版。

34. 于吉撰，王明校：《太平經合校》，中華書局 1979 年版。

35. 應邵撰，王利器校注：《風俗通義校注》，中華書局 1981 年版。

36. 劉珍等撰，吳樹平校注：《東觀漢紀》，中州古籍出版社 1987 年版。

37. 劉熙撰，王先謙疏證：《釋名疏證補》，上海古籍出版社 1984 年版（影印本）。

38. 張仲景撰，陳亦人編：《傷寒論譯釋》，上海科學技術出版社 1995 年版。

39. 張仲景撰：《金匱要略方論》，上海科學技術出版社 1985 年版。

40. 牟融撰，梁慶寅釋譯：《牟子理惑論釋譯》，臺灣佛光出版社 1996 年版。

41. 崔寔撰：《政論》，上海人民出版社 1976 年版。

42. 荀悅撰：《申鑒》，上海古籍出版社 1990 年版（影印本）。

43. 荀悅，徐幹撰：《申鑒中論選譯》，巴蜀書社 1991 年版。

44. 荀悅，袁宏撰：《兩漢紀》，中華書局 2002 年版。

45. 徐幹撰：《中論》，上海古籍出版社 1990 年版（影印本）。

46. 劉劭撰：《人物志》，上海古籍出版社 1990 年版（影印本）。

47. 葛洪撰，王明校釋：《抱朴子內篇校釋》，中華書局 1985 年版。

48. 葛洪撰，楊明照校箋：《抱朴子外篇校箋》，中華書局 2004 年版。

49. 葛洪撰：《神仙傳》，上海古籍出版社 1990 年版（影印本）。

50. 干寶撰，汪紹楹校注：《搜神記》，中華書局 1979 年版。

51. 劉義慶撰，徐震堮校箋：《世說新語校箋》，中華書局 1984 年版。

52. 王肅撰：《孔子家語》，吉林大學出版社 2004 年版。

53. 慧皎撰，湯用彤校注：《高僧傳》，中華書局 1992 年版。

54. 徐復觀：《兩漢思想史》，華東師範大學出版社 2001 年版。

55. 葛兆光：《中國思想史》，復旦大學出版社 2001 年版。

56. 任繼愈：《中國哲學發展史》，人民出版社 1985 年版。

57. 任繼愈：《中國道教史》，中國社會科學出版社 2001 年版。

58. 任繼愈：《中國佛教史》，中國社會科學出版社 1981 年版。

59. 郭齊勇，馮達文：《新編中國哲學史》，人民出版社 2004 年版。

60. 李養正：《道教與諸子百家》，北京燕山出版社 1993 年版。

61. 石峻等：《中國佛教思想資料選編》，中華書局 1981 年版。

62. 李約瑟：《中國古代科學思想史》，江西人民出版社 1999 年版。

63. 何兆武：《中國印象》，廣西師範大學出版社 2001 年版。

64. 李澤厚，劉綱紀：《中國美學史》，中國社會科學出版社 1986 年版。

65. 李澤厚：《美的歷程》，安徽文藝出版社 1994 年版。

66. 葉朗：《中國歷代美學文庫》，高等教育出版社 2004 年版。

67. 葉朗：《中國美學史大綱》，北京大學出版社 1987 年版。

68. 陳望衡：《中國古典美學史》，湖南教育出版社 1998 年版。

69. 尼采：《權力意志——重估一切價值的嘗試》，商務印書館 1991 年版。

70. 尼采：《查拉斯圖拉如是說》，尹溟譯，文化藝術出版社 1987 年版。

71. 梅洛·龐蒂：《知覺現象學》，商務印書館 2001 年版。

72. 梅洛·龐蒂：《眼與心》，中國社會科學出版社 1992 年版。

73. 理查德·舒斯特曼：《實用主義美學》，商務印書館 2001 年版。

人名索引